Análisis del entorno económico

Madrid, 2024

María Teresa Freire Rubio

Análisis del entorno económico

2.ª edición

Primera edición: julio, 2020
Segunda edición: mayo, 2024

Análisis del entorno económico
María Teresa Freire Rubio

© 2024, ESIC EDITORIAL
Avda. de Valdenigriales, s/n
28223 Pozuelo de Alarcón (Madrid)
Tel.: 91 452 41 00
www.esic.edu/editorial
@EsicEditorial

ISBN: 978-84-1192-059-9
Depósito Legal: M-10643-2024

Diseño de cubierta: Zita Moreno Puig
Maquetación: Santiago Díez Escribano
Lectura: Balloon Comunicación
Impresión: Gráficas Dehon

Un libro de

Impreso en España – *Printed in Spain*

Este libro ha sido impreso con tinta ecológica y papel sostenible.

Índice

Introducción

A la hora de analizar el entorno económico, sea cual sea nuestro ámbito de estudio, el planteamiento debe ser el de intentar entender el marco en el que se desarrollan nuestras actividades y, por tanto, conocer en qué medida cuestiones como la situación económica del país, el funcionamiento de los mercados o cuestiones tan concretas como el valor del IPC influyen a la hora de tomar decisiones dentro de la empresa.

Empezaremos por el análisis más pormenorizado de la economía, esto es, el análisis microeconómico, viendo cómo funcionan los mercados de los bienes y servicios, en donde se definen las decisiones individuales que toman los compradores y los productores, y donde ambos negociando llegarán a un acuerdo basado en el precio, y, por tanto, se llevará así a cabo el intercambio. Una vez definidos los criterios de las decisiones económicas individuales, pasaremos a plantear cómo se miden los principales problemas económicos a un nivel más agregado de todo un país, esto es, a nivel macroeconómico, viendo cómo se calculan la tasa de inflación; la tasa de desempleo y la tasa de crecimiento. A continuación, llevaremos a cabo un análisis de economía, con referencias directas al caso de España, viendo cómo un país alcanza el crecimiento económico y estableciendo cuáles son los factores productivos, sectores económicos y aspectos institucionales que determinan ese crecimiento. Finalmente, y dentro de la actual globalización e internacionalización cada vez mayor de las relaciones económicas, daremos un repaso a las principales cuestiones y problemas de la actual economía internacional.

Dado que nos vamos a adentrar en el análisis de la toma de decisiones económicas, empezaremos planteando unas cuestiones previas, básicas para entender el razonamiento económico y así a su vez plantear la definición de *economía*, cuestión importante como punto de partida para el análisis del entorno económico.

1
Definición de economía

E mpecemos dando una definición de economía que intente englo-
bar los aspectos más destacados en la exposición del hecho económico e incluya los conceptos básicos a la hora de tomar cualquier
decisión desde el punto de vista económico.

La economía es la ciencia social que estudia el comportamiento
humano en un mundo de recursos escasos en el que hay que elegir
cómo aplicarlos para conseguir el mayor bienestar posible en cada
momento.[1]

Analicemos de forma pormenorizada esta definición a partir de los
conceptos que podemos derivar de ella.

La economía estudia el comportamiento humano: que estudie-
mos el comportamiento del hombre implica que la economía es una
ciencia social, es decir, estudiamos al hombre cuando toma decisiones
desde un punto de vista concreto, que es el económico. En este sentido coincidiría con otras ciencias como la sicología o la sociología, que

---

[1] Cuerdo, M. y Freire, M. T. (2008). *Introducción a la microeconomía. Comportamientos, intercambio y mercados* (3.ª edición revisada y actualizada). ESIC Editorial, Madrid.

también estudian el comportamiento del hombre, pero desde otras perspectivas.

Apelamos a la racionalidad: suponemos que el individuo es racional, esto es, coherente a la hora de tomar una decisión; se guía por criterios razonables y lógicos; en definitiva, suponemos que el individuo se comporta de acuerdo con las normas sociales, valora sus decisiones y es consecuente a la hora de decidir.

Cuando toma decisiones busca que le proporcionen la mayor satisfacción y los menores sacrificios posibles: como para cualquier ámbito de nuestra vida, el individuo tiene constantemente que elegir entre las diferentes opciones que se le presentan: ¿qué compro?, ¿cuánto dinero me gasto?, ¿cuántas horas trabajo?, etc. Por tanto, el individuo tiene que valorar cada una de las opciones y elegir la que más le interese. Esta cuestión es fundamental, ya que todas las teorías económicas buscan los criterios para, en cada cuestión, saber cómo elegir la mejor opción de todas las posibles. Como norma general, sea lo que sea lo que estemos valorando, elegiremos siempre la opción que suponga un menor coste de oportunidad, entendiendo por tal coste todo lo que pierdo o a lo que renuncio (o dejo de ganar) por elegir una opción y no otra. En definitiva, siempre que elegimos asumimos un coste, ya que siempre renunciamos a alguna opción. Por ello, el criterio que debemos emplear a la hora de tomar una decisión es elegir aquella opción que me implique un coste de oportunidad menor, es decir, que me implique la menor renuncia posible.

Se utiliza un conjunto limitado de medios que se aplican de acuerdo a su propio criterio: esta es otra de las premisas básicas en economía, es decir, los medios con los que contamos a la hora de elegir siempre son limitados (p. ej., dinero con el que cuento para gastar, cantidad de trabajadores que tengo para poder producir, etc.), ya que siempre cuento con una cantidad determinada de medios (p. ej., de dinero, de factores de producción, etc.) para unos deseos de los individuos que son ilimitados. Por ejemplo, si no tuviéramos ninguna restricción de dinero y tuviera que apuntar en una lista lo que me gustaría comprar, esa lista nunca se acabaría. Pero la realidad es otra, ya que tengo limitaciones: cantidad de dinero del que dispone cada individuo para comprar y, sobre todo, el bien más escaso que existe y, por tanto, el más limitado: el tiempo. Debemos tener en cuenta que cada uno valoramos de forma distinta las cosas y, por ello y según la limitación de los medios, cada individuo en función de su propio criterio elegirá a qué destina esos medios limitados.

Se eligen ciertos objetivos entre muchos posibles: toda elección debe tener un objetivo claro hacia el que se orienten todas las decisiones, donde como criterio general y sea cual sea el ámbito económico (p. ej., consumo, producción; etc.) en el que estemos decidiendo se debe buscar siempre conseguir la opción que más me satisfaga con el menor coste de oportunidad posible.

En definitiva, podemos resumir todo lo anteriormente expuesto diciendo que los hombres se marcan objetivos económicos que les reporten una situación deseada, donde los incentivos se ponen en acción como señal evidente de aquello que los hombres están dispuestos a hacer para conseguir algo. Por ello, establecemos el valor de las cosas de acuerdo con aquello que sacrificamos para obtenerlas o, lo que es lo mismo, expresamos el valor del objetivo que conseguir en función del objetivo al que renunciar. Por todo lo anterior, podemos concluir que el valor de los bienes en economía es fundamentalmente un concepto relativo.

2

Agentes económicos

Para analizar los diferentes agentes económicos, es decir, los individuos que toman decisiones económicas, vamos a establecer un
símil entre la economía y el teatro, esto es, vamos a plantear una obra
de teatro donde cada actor interpretará un papel diferente en función de
cuál sea el tipo de decisiones que toma. De esta forma iremos definiendo los diferentes agentes económicos.

El escenario en nuestro caso será la economía de mercado, es decir,
una sociedad caracterizada por que el marco de las relaciones se dispone en instituciones de libre acceso y salida a través de las cuales los
individuos, también libremente, obtienen lo que quieren renunciando
a lo que se les pide a cambio. Por tanto, es un mercado libre, donde los
individuos pueden elegir y donde existe competencia entre los agentes.

Cuando hablamos del mercado, nos referimos al lugar donde las
personas que participan en la actividad económica se encuentran y se
relacionan libremente. Es, por tanto, una institución donde unos infor-
man a otros sobre lo que desean obtener (comprar, vender, etc.) y lo
que están dispuestos a dar a cambio. Por ello, en el mercado es donde se
produce el intercambio, que se da cuando los agentes llegan al acuerdo

en su valoración sobre lo que desean y lo que están dispuestos a dar por ello, es decir, cuando se ponen de acuerdo en el precio del intercambio. Los actores son los propios individuos o las instituciones que actúan con un criterio propio, con relación a la utilización de los recursos de los que disponen. Así, podemos señalar a los consumidores, cuyo papel es comprar los bienes y servicios que desean, pagando a cambio un dinero por ellos. Este dinero del que dispone el consumidor para comprar se denomina *renta*. El objetivo de los consumidores es comprar en el mercado de forma que consigan la mayor satisfacción posible gastando la menor renta posible (o comprar lo más barato posible). Por otra parte, están los empresarios o productores, que actúan produciendo nuevos bienes y servicios que se supone que serán solicitados por los consumidores. Finalmente, otro actor de mucha importancia es el Estado, que será la institución que se encargará de suministrar ciertos bienes y servicios alternativamente al sector empresarial, debido por lo general a las características peculiares que encierran esos bienes y servicios (p. ej., defensa, educación, sanidad, etc.). La economía de libre mercado defiende la mínima intervención del Estado en la economía, es decir, su principal función debe ser el salvaguardar la estabilidad de las instituciones para asegurar así el marco en el cual se van a desarrollar los intercambios.

Figura 1.1. Retrato de Adam Smith

Fuente: Harvard University.

El director de esta economía de mercado es la mano invisible, definida por Adam Smith (1723-1790), al cual se ha considerado el «padre de la economía»,[2] que tiene la capacidad de conseguir que todos los actores (consumidores y productores) actúen de acuerdo con su papel y que la obra de teatro (intercambio) se desarrolle sin tener que corregir directamente (el Estado) ninguna de las interpretaciones de los actores (libre mercado).

---

[2] Adam Smith está considerado el padre ideológico del liberalismo económico, y resume toda su ciencia económica en la obra *Investigación sobre la naturaleza y causas de la riqueza de las naciones (La riqueza de las naciones)* publicada en 1776. A su vez, fue el maestro de la Escuela Clásica (siglos XVIII y XIX), que es la base de toda la economía moderna, y en la cual se engloban autores como T. R. Malthus, D. Ricardo, J. S. Mill, etc.

3
Análisis de oferta y demanda

El mercado es el área donde compradores y vendedores negocian el intercambio de una mercancía. Originariamente, los intercambios entre los individuos se llevaban a cabo mediante un sistema de trueque, esto es, se cambiaban unas mercancías por otras. Este problema en los intercambios (la doble coincidencia de necesidades) se solucionó en el momento en que se estableció un bien como unidad de medida de valor, y en un principio eran bienes que gozaban de alta estima entre la población (p. ej., sal, cabezas de ganado, etc.) hasta llegar al sistema actual, donde el dinero es el bien que se utiliza como unidad de medida en los intercambios.

Con la introducción del dinero en la economía, se establece el valor de cada bien en función de la moneda, con lo que quedan eliminados los problemas de los sistemas de intercambio anteriores. Por tanto, cada bien tendrá un precio monetario, es decir, los precios se miden en función del dinero.

El punto de partida para el análisis de los mercados y en definitiva del intercambio es tener en cuenta que cada bien, ya sea de consumo o de producción, posee su propio mercado y, por tanto, su propia demanda (compradores del bien) y su propia oferta (productores del bien), y ambas concurren en el mercado al cual pertenecen. Por ese motivo, en una economía existirán tantos mercados como tipos de bienes y servicios haya.

Pasemos a continuación a analizar por separado el comportamiento de demandantes y oferentes, viendo cuáles son las variables que determinan el comportamiento de cada una de las partes del mercado.

3.1. Demanda del mercado

La demanda del mercado está definida por las decisiones de los consumidores del bien de dicho mercado; por ello, a la hora de establecer cuáles son las variables que determinan el comportamiento de la demanda, debemos expresar cuáles son las variables que hacen que las familias o consumidores decidan comprar una mayor o menor cantidad del bien.

Tal y como hemos señalado ya anteriormente, las familias que son las propietarias de los factores de producción (trabajo y capital) venden o arriendan estos a cambio de dinero, el cual constituye la renta (R) de las familias. Dicha renta se utiliza para comprar los bienes y servicios que satisfacen sus deseos, y esta actividad se denomina consumo. La parte de renta que deciden no gastar (o guardar para gastar en el futuro) constituye el ahorro de las familias. Dado que la demanda refleja los deseos de compra de las familias, establecemos como objetivo, a la hora de tomar las decisiones sobre el consumo, el llevar a cabo aquel consumo (o demanda) que maximice su satisfacción (o utilidad).

Por tanto, podemos simplificar todo lo anterior diciendo que el consumidor intentará comprar todos aquellos bienes que desea pagando el menor precio posible por ellos e intentando comprar la mayor cantidad y variedad de bienes y servicios posible. Esta sería, de forma simplificada, la exposición del objetivo de cualquier consumidor. Expresemos más formalmente los objetivos del consumidor, que se resumen en la función de demanda, válida para cualquier producto y para cualquier mercado, ya que suponemos que los individuos son racionales y responden a comportamientos lógicos.

El consumidor, a la hora de determinar qué cantidad desea demandar de un bien (bien genérico X: X^D), tendrá en cuenta, además del precio del propio bien (Px), el precio de los otros bienes (Pn), el volumen de renta de la que disponga para gastar (R) o factores sociales, tales como lugar de residencia, gustos, etc. (S). Podemos así expresar la función de demanda, al introducir las principales variables que afectan a la cantidad demandada, como:

$$X^D = f(Px; Pn; R; S)$$

Exponiendo de forma resumida cómo afectarán todas las variables de la función a las decisiones de compra de los consumidores, podemos señalar que la variable fundamental a la hora de determinar nuestras compras es el precio del bien (Px), en el sentido de que cuanto más nos cueste dicho bien, menos compraremos, y cuanto más barato sea, mayor será nuestra demanda de dicho bien. Esto es, intentaremos pagar lo menos posible por los bienes. En cuanto al precio de los otros bienes, el planteamiento es que tenemos que repartir toda nuestra renta entre todos los bienes que queremos comprar, con lo cual la decisión debe guiarse por el principio de intentar comprar la mayor cantidad posible de bienes y servicios. Por tanto, la demanda del bien genérico X variará en función de cuál sea el precio del resto de los bienes que queramos comprar. Por el lado de la renta del consumidor, el planteamiento para la mayor parte de los bienes es que cuanta más renta tengamos, mayor cantidad del bien demandaremos. Esta premisa no se cumple cuando el bien X es considerado un bien inferior, esto es, un bien de peor calidad frente a otro posible para satisfacer el mismo deseo. Finalmente, en cuanto a los factores sociales o gusto por el bien, lógicamente cuanto más nos guste el bien, mayor será la cantidad que demandaremos y viceversa.

3.2. Oferta del mercado

La oferta de un bien en el mercado vendrá determinada por las decisiones que tomen los productores de dicho bien y, al igual que pasaba con la cantidad demandada del bien, la cantidad ofertada por los productores no depende solo del precio del propio bien, sino que hay otra serie de variables que determinarán que la cantidad ofertada en el mercado sea mayor o menor.

Las empresas o productores tienen como función comprar los factores de producción a las familias, que son sus propietarias, y combinarlos con la tecnología para producir bienes y servicios que destinan a la venta. El objetivo de la empresa al decidir la producción debe ser intentar obtener el máximo beneficio posible, esto es, maximizar el beneficio o minimizar los costes.

Podemos sintetizar los objetivos empresariales diciendo que los productores intentarán vender la máxima cantidad posible del bien que producen y al mayor precio posible para así intentar obtener la mayor cantidad de ingresos que puedan. A su vez, intentarán que los costes de producción del bien sean los menores posibles, buscando continuamente un ahorro de costes, por ejemplo, vía tecnología, sin que ello repercuta en la calidad del producto. Bajo estos criterios la empresa intenta maximizar su beneficio, el cual calculará por la diferencia entre los ingresos y los costes.

El productor, a la hora de determinar la cantidad que desea ofertar de un bien (bien $X:X^O$), tendrá en cuenta además del precio del propio bien (Px), que es la variable determinante de los ingresos, el precio de los factores de producción (P_f), que a su vez es la variable determinante de los costes de producción. Definiremos entonces la función de oferta como:

$$X^O = f(Px; P_f)$$

Respecto al precio del bien, cuanto mayor sea este en el mercado, más cantidad de él le interesará vender, y a menor precio, menores incentivos para producir y vender. Permaneciendo constante el precio del bien, si se produce un incremento en el precio de los factores de producción, menor será la ganancia que obtenga el productor y, por tanto, producirá menos. Si por el contrario disminuyera el precio de los factores, la ganancia para el productor sería mayor, y se incrementaría así la cantidad ofertada del bien. Igualmente, si se produjera una mejora en la tecnología existente, disminuirían los costes de producción, aumentando las ganancias de los productores para el mismo precio del bien, lo cual provocaría un aumento en la oferta de dicho bien.

3.3. El intercambio

Una vez expuestos de forma separada cuáles son los criterios por los cuales tanto consumidores como productores tienen incentivos para desear intercambiar en el mercado una mayor cantidad de bienes y servicios, veamos cómo por medio de la negociación, es decir, por medio de lo que hemos definido anteriormente como «la mano invisible del mercado» los agentes llegan a un acuerdo, esto es, llegan a la situación de equilibrio, que será aquel precio para el cual coinciden los deseos de compra de los consumidores con los deseos de venta de los productores. Podemos expresar esta misma situación diciendo que se producirá el intercambio para aquel precio en el cual coincidan la demanda y la oferta del bien.

Justifiquemos la afirmación anterior. Si hemos concluido que los consumidores intentarán comprar en el mercado la mayor cantidad del bien al menor precio posible, y por su parte los productores intentarán vender la mayor cantidad del bien al mayor precio posible, si ninguno estuviera dispuesto a negociar, es decir, a ir cediendo en sus posiciones, nunca se llegaría al intercambio. Por ello, los consumidores estarán dispuestos a pagar un poco más por el bien y a su vez los productores estarán dispuestos a cobrar un poco menos, y así hasta que lleguemos al precio del acuerdo, es decir, al del intercambio donde coinciden los deseos de ambas partes.

Cuando se alcanza la situación de equilibrio en el mercado, este equilibrio será estable, es decir, si por cualquier razón pasáramos a una situación de desequilibrio (donde no coinciden oferta y demanda), las fuerzas internas del mercado (aumentando o disminuyendo el precio) harían volver al mercado a la situación de equilibrio.

En definitiva, cuando la cantidad ofertada es igual a la cantidad demandada, se dice que el mercado está en equilibrio; si por el contrario ambas cantidades no coinciden, entonces el mercado está en una situación de desequilibrio y, en este sentido, podemos diferenciar dos posibles situaciones:

- Cuando la cantidad ofertada es mayor que la cantidad demandada para un determinado precio, se produce un exceso de oferta, donde el mercado volverá al equilibrio por la disminución en el precio. Esta situación significa que se desea vender en el mercado una cantidad mayor del bien que la que los consumidores desearían comprar a ese precio y por ello los productores deciden bajar el precio, ya que prefieren vender más barato a no vender.

- Cuando la cantidad demandada es mayor que la cantidad ofertada para un determinado precio, se produce un exceso de demanda, donde el mercado volverá al equilibrio mediante un aumento en el precio. En este caso, los consumidores desean comprar una cantidad mayor del bien que la que los productores están dispuestos a vender a ese precio, y por la presión de la demanda los productores aprovechan y suben el precio de venta.

Por tanto, cuando estamos en una situación de desequilibrio en el mercado, las variaciones en el precio del producto harán que volvamos al equilibrio, y por ello, lógicamente, se deduce que solo existe un precio al cual la cantidad demandada se iguala con la ofertada, y eso implica que el equilibrio es único.

Para finalizar el análisis de los mercados, deberíamos señalar que las diferentes estructuras del mercado miden el poder que tienen las empresas dentro de ese mercado, es decir, el poder que tienen para influir en el precio o en otras condiciones de venta de su producto. Cuanto menor sea el poder que tenga la empresa dentro del mercado, se dice que más competitiva es su estructura. Únicamente señalaremos que se diferencian cuatro modelos básicos dentro de la organización del mercado:

- *Competencia perfecta*, donde ningún agente tiene poder para imponer el precio de venta del producto.

- *Monopolio*, donde existe una única empresa productora de un bien y, por tanto, tiene poder para determinar el precio de venta del producto.

- *Oligopolio*, donde hay pocos productores del bien, que ejercen un cierto control sobre el precio.

- *Competencia monopolista*, donde hay muchos productores, pero cada empresa actúa como monopolista de su propio producto o marca.

4
Indicadores económicos

U na vez que hemos visto el análisis a pequeña escala de la economía (nivel microeconómico) y cómo se articula el funcionamiento de los mercados, demos un salto en nuestro análisis y pasemos ahora a analizar la economía de forma agregada, es decir, a nivel macroeconómico. Este análisis implica que ahora tomamos la economía en su conjunto, o sea, a nivel de todo el país, para así poder medir su actividad económica y llegar, a partir del análisis de las cuentas nacionales, a poder estimar la salud económica del país. Nuestro objetivo a continuación será exponer de forma sintetizada cuáles son las herramientas y conceptos económicos básicos necesarios para hacer un análisis macroeconómico.

En algunas ocasiones, los economistas damos demasiada importancia a los números, datos e índices, y nos quedamos en la frialdad del dato sin más, en lugar de ver la tendencia y analizar la evolución del dato dentro de la coyuntura económica general. Dado que esto nos implicaría quedarnos solo con una visión parcial de la economía, nuestro objetivo deberá ser aplicar y analizar los datos que nos da la teoría económica, teniendo en cuenta la tendencia del momento.

La contabilidad nacional registra las transacciones que tienen lugar en un país globalmente considerado, agrupando las operaciones y actividades en categorías generales, con el objeto de simplificar la compleja y variada realidad económica, haciéndola susceptible de un tratamiento sistemático y posibilitando así su estudio y comparación en el tiempo y en el espacio.

El INE elabora la contabilidad nacional trimestral (CNTR), que tiene como objetivo proporcionar una descripción cuantitativa coherente del conjunto de la actividad económica mediante un cuadro macroeconómico trimestral, elaborado desde la óptica de la oferta, la demanda y las rentas primarias. La CNTR está ajustada a los mismos principios de coherencia y equilibrio contable que la contabilidad nacional anual.

Eurostat es la oficina estadística de la Unión Europea. Establecida en 1953 y con sede en Luxemburgo, su misión es ofrecer a la UE estadísticas a nivel europeo que permitan hacer comparaciones entre los países y las regiones. Para cumplir esta misión, Eurostat recopila los datos que aportan los diferentes institutos de estadística europeos, los analiza y con base en ellos ofrece cifras comparables y armonizadas, de forma que se puedan definir, acometer y analizar las políticas comunitarias.

4.1. Magnitudes macroeconómicas

Las macromagnitudes se utilizan para medir las diferentes operaciones o flujos que tienen lugar en una economía considerada de forma global. A partir de los diferentes agregados que a continuación definiremos, podremos obtener una visión de conjunto de la economía objeto de estudio.

Producto interior bruto (PIB)

El PIB recoge la corriente de bienes y servicios finales producidos en el territorio económico de un país a lo largo de un año y valorados en unidades monetarias.

Veamos a continuación el significado de esta definición, lo cual nos descubrirá el método de cálculo de esta macromagnitud fundamental.

Es una corriente: esto supone que el PIB es una variable flujo, y, por tanto, con dimensión temporal, y no una variable *stock*.

Se contabilizan bienes y servicios finales: esto implica que, a la hora de calcular el valor de la producción, debemos evitar la doble contabilización en que podemos incurrir al computar esa producción. Esta situación surge por el hecho de que, para la producción de los bienes y servicios, muchas empresas compran bienes intermedios a otras, incorporándose este valor como parte del valor final de la producción generada por la primera empresa. En definitiva, para obtener la producción final de la economía, deberemos calcular el valor añadido (VA), que definimos como el valor generado por una unidad dedicada a una actividad productiva, y cuyo valor calcularemos de la siguiente forma:

VA = Valor de la producción final – Valor de los bienes intermedios

Se valora la producción generada en territorio económico del país: dado que es una magnitud interior, se valorará todo lo producido en el territorio físico del país tanto si ha sido generado por factores residentes como por no residentes.

Se cuantifica la producción generada durante un año: se calcula el valor de la producción obtenida a lo largo del año natural, del 1 de enero al 31 de diciembre.

La producción se valora en unidades monetarias: para poder homogeneizar la corriente de bienes y servicios, deben valorarse en una unidad de cuenta común, que será la moneda del país o cualquier otra moneda, como, por ejemplo, el dólar.

A partir de la propia definición del PIB y de la definición de su objeto de estudio, y teniendo en cuenta que es considerada la magnitud central de la contabilidad nacional de un país, se dispone de tres vías o procedimientos de cálculo del PIB, los cuales nos van a facilitar el obtener con mayor precisión este dato.

1. **PIB por la vía de la oferta.** Se calcula sumando los valores añadidos (VA) de todas las actividades económicas del país.

   Partiendo de que las actividades económicas se agrupan en tres grandes sectores productivos, agricultura, industria y servicios, podemos simplificar diciendo que:

   $$PIB = VA_{Agricultura} + VA_{Industria} + VA_{Servicios}$$

   $$PIBcf = \Sigma\ VAB$$

   El valor del PIB por la vía de la oferta es una valoración a coste de factores (cf), ya que se está computando el valor de la producción en la fábrica.

2. **PIB por la vía de la renta.** Se calcula sumando las rentas distribuidas en el proceso productivo, es decir, los factores productivos reciben RENTAS, que son las remuneraciones que les corresponden por su contribución al proceso productivo:

   $$PIBcf = \Sigma\ (rentas\ pagadas\ a\ los\ factores\ de\ produccción)$$

   En este caso, estamos valorando la producción en función de los costes de producción, y, por tanto, al igual que por la vía de la oferta es una valoración en la fábrica.

3. **PIB por la vía de la demanda.** Aquí, el cálculo del PIB se obtiene sumando las demandas finales que tienen lugar en la economía, es decir, se valora la producción en función de su destino final en el mercado.

   Debido a este método de cálculo, la valoración de la producción se estará haciendo a precios de mercado (pm) y no a coste de factores (cf), que era como se valoraba en los dos métodos anteriores.

Las componentes de la demanda final de una economía son las siguientes:

- **Consumo privado (C):** compra de bienes y servicios por parte de las familias.

- **Gasto público (G):** compra de bienes y servicios por parte del sector público.

- **Formación bruta de capital (FBK) o inversión (I):** recogerá el gasto realizado por las empresas en bienes que incrementan los medios de producción de la economía, es decir, recoge el incremento de *stock* físico de capital.

- **Exportaciones (X):** comprende todas aquellas operaciones que impliquen el suministro de bienes y servicios por parte de los residentes del país hacia residentes del resto del mundo.

- **Importaciones (M):** son operaciones que implican el suministro de bienes y servicios por parte de no residentes hacia los residentes del país. Dado que parte de los bienes de consumo y de los bienes de capital son importados, dichas importaciones se deberán restar en la demanda final de la economía.

Por tanto, el PIB por la vía de la demanda se obtiene como:

$$\text{PIBpm} = C + G + FBK + X - M$$

Renta nacional bruta (RNB)

Una vez que hemos analizado cómo se contabiliza la producción, y tal y como hemos señalado con anterioridad, toda producción genera rentas en concepto de remuneraciones a los factores productivos que han contribuido para la obtención de todos esos bienes y servicios.

Definimos la RNB como aquella renta que remunera a los factores residentes por su contribución productiva tanto dentro del país como en el resto del mundo. Es decir, la RNB es una magnitud nacional, que no descuenta el consumo de capital fijo y por ello es una magnitud bruta, y se equipara al valor de la producción de un país por la vía de la renta.

Renta nacional bruta disponible (RNBD)

Esta magnitud, que se obtiene a partir de la RNB, recogerá cuál es el nivel de renta del que disponen las economías domésticas para destinar o bien al gasto en consumo, o bien al ahorro. Definiremos así el ahorro (S) como la parte de la renta que las familias deciden no destinar al consumo.

Para poder determinar el montante de la RNBD de una economía, debemos tener en cuenta todas aquellas partidas que, no procediendo o generándose dentro del propio proceso productivo, pueden aumentar o disminuir la cuantía de la RNBD. En este sentido, señalaremos las dos variables fundamentales a la hora de computar el total de la RNBD:

- Transferencias: son pagos que efectúa el sector público al sector privado sin recibir a cambio ninguna contraprestación productiva (p. ej., pensiones, subsidio de desempleo, etc.).

- Impuestos directos: son impuestos que recaen directamente sobre la renta (p. ej., el IRPF).

Junto con estas dos partidas, hay otras que también reducirán, al igual que los impuestos directos, la cuantía de la RNBD como, por ejemplo, las cotizaciones a la Seguridad Social, los beneficios no distribuidos por las empresas, etc.

Renta per cápita

Dado que las macromagnitudes y, por tanto, la contabilidad nacional sirven para mostrar la situación de la economía o su salud, se utilizarán por ello estos cálculos como unidad de medida del desarrollo económico de un país.

Para que la magnitud finalmente revele información sobre la situación económica de los residentes de ese país, dichas magnitudes se expresarán en términos per cápita, es decir, se dividirá el valor de la magnitud por el número de habitantes.

De las diferentes macromagnitudes existentes, se consideran como mejores indicadores del desarrollo económico el PIB y la RNBD, ya que son las unidades de medida que sintetizan los resultados de la actividad económica en el interior del país (PIB per cápita) o de sus residentes (RNBD per cápita).

$$PIB_{per\ cápita} = PIB/n.° \text{ habitantes}$$

$$RNBD_{per\ cápita} = RNBD/n.° \text{ habitantes}$$

A modo de resumen, y como conclusión para poner de manifiesto la relación entre las diferentes macromagnitudes, podemos ver en el organigrama de la Figura 4.1 cómo llegamos a obtener la RNBD per cápita a partir de la primera magnitud expuesta, esto es, el PIB.

Figura 4.1. RNBD per cápita

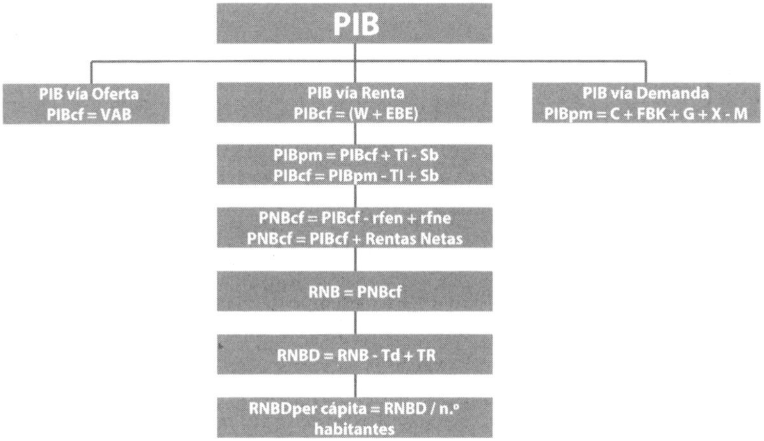

PIB

| PIB vía Oferta | PIB vía Renta | PIB vía Demanda |
| PIBcf = VAB | PIBcf = (W + EBE) | PIBpm = C + FBK + G + X - M |

PIBpm = PIBcf + Ti - Sb
PIBcf = PIBpm - TI + Sb

PNBcf = PIBcf - rfen + rfne
PNBcf = PIBcf + Rentas Netas

RNB = PNBcf

RNBD = RNB - Td + TR

RNBDper cápita = RNBD / n.° habitantes

Fuente: Elaboración propia.

4.2. Tasas económicas

Cuando se plantea el estudio de una economía desde el punto de vista global, es decir, a nivel macroeconómico, se definen tres problemas básicos de la macroeconomía, los cuales se convierten en el centro del análisis y de la toma de decisiones por parte de la política económica.

Señalamos, por tanto, como problemas de cualquier economía moderna los tres siguientes:

- La inflación.
- El desempleo.
- El crecimiento económico.

A continuación, analizaremos cuáles son los índices que se utilizan para medir estas tres magnitudes, a partir de cuyos datos se decidirán las políticas adecuadas que aplicar en función del valor de dichas tasas.

4.2.1. Tasa de inflación

Definimos la inflación como un incremento en el nivel general de precios de los bienes y servicios durante un periodo de tiempo. También podemos definirla como la disminución del valor del dinero respecto a la cantidad de bienes o servicios que se pueden comprar con dicho dinero.

Dada la importancia que este dato tiene sobre el nivel de vida de la población, se convierte en una información fundamental a la hora de la toma de decisiones por parte de los agentes económicos, ya que todo incremento en el nivel de precios, *a priori*, se traduce en una pérdida de poder adquisitivo para los individuos. Debido, por tanto, a la influencia que la inflación tiene sobre la economía, se hace necesario disponer de una unidad de medida, lo más precisa posible, que refleje la variación en el precio de los bienes y servicios de la economía.

Señalaremos a continuación el índice principal para el cálculo de la variación en los precios, que es el índice de precios al consumo (IPC).

Índice de precios al consumo (IPC)

El índice de precios al consumo (IPC) es un índice de precios que muestra la evolución del coste de una cesta de la compra típica de una familia media representativa de la economía del país.

Tal y como señala el Instituto Nacional de Estadística (INE), el IPC es un índice que tiene como objetivo medir la evolución del nivel de precios de los bienes y servicios de consumo adquiridos por los hogares residentes en España. El IPC, por tanto, pretende expresar el crecimiento medio de los precios de los bienes y servicios de consumo durante un periodo determinado. Dicho dato se calcula mensualmente.

Los primeros índices de precios que se calcularon en España se remontan al año 1936, y sirvieron de base para establecer el primer sistema de índices de coste de la vida, que se mantuvo vigente hasta diciembre de 1960.

Con la entrada en vigor del sistema base 1976 los indicadores recibieron la denominación de índices de precios de consumo. Este sistema introdujo novedades importantes, como la clasificación de consumo en ocho grandes grupos y la creación de índices para cada una de las comunidades autónomas.

En enero de 2002, entró en vigor el sistema de IPC base 2001. Entre las principales novedades del IPC base 2001 destacaba su publicación en 12 grupos, motivado por la adaptación a la COICOP (Classification of Individual Consumption according to Purpose), así como a la actualización de las ponderaciones de estos 12 grupos a partir de la información que aporta la encuesta continua de presupuestos familiares. En el IPC base 2001 destacaba la inclusión de precios rebajados, la revisión anual de ponderaciones y el encadenamiento de los índices. En enero de 2007, se publican los primeros índices en base 2006, que recogen un aumento de la muestra de municipios, del número de precios recogidos y del número de artículos de la cesta de la compra.

En enero de 2012, se publican los datos en base 2011. En la cesta de la compra del IPC entran nuevos artículos, como los discos duros portátiles, los *notebooks*, las *tablets*, la fotodepilación, la depilación láser o el logopeda. Asimismo, desparecen otros cuyo consumo ha dejado de ser significativo, como el CD grabable o el alquiler de películas.

En enero de 2017, entra en vigor la base 2016. Entre las características de esta nueva base cabe destacar que incorpora la nueva clasificación europea de consumo denominada ECOICOP (European Classification of Individual Consumption by Purpose), lo que implica mayor desglose de la información (el número de subclases se amplía hasta 219). Además, se producen cambios en la cesta de la compra. Se incorporan artículos, como los servicios en línea de vídeo y música, los juegos de azar o el café monodosis. Y se eliminan otros como el *brandy*, la videocámara o el DVD grabable.

En enero de 2022, se empieza a publicar el IPC en base 2021, que es el que está vigente actualmente. Se incorporan nuevos tratamientos para el seguimiento de los precios del vestido y para el procesamiento de la falta de precio. El número de subclases se reduce a 199. En la cesta de la compra del IPC entran nuevos artículos, como las mascarillas higiénicas y la suscripción al periódico *online*. Y salen otros, como el reproductor de imagen, el reproductor portátil, el DVD y el *compact disc*.

En enero de 2023, se introduce un nuevo procedimiento de cálculo de las ponderaciones, dentro del IPC en base 2021, basado en las cuentas nacionales y de acuerdo con los criterios establecidos por la reglamentación europea. Desde esta fecha se producen, por tanto, cambios relevantes en la medición del IPC:[3]

1. La ampliación de la cobertura de los mercados del gas y de la electricidad, con la incorporación de la parte relativa al mercado libre de ambos sectores.

2. El segundo cambio metodológico afecta a uno de los elementos estructurales que conforman el IPC: la estructura de las ponderaciones. A partir del año 2023, la fuente principal utilizada para el cálculo de estas pasa a ser la contabilidad nacional (CN), en lugar de la encuesta de presupuestos familiares (EPF) como hasta ahora; tal y como ha establecido la Comisión Europea. De esta forma, el IPC se adapta a los criterios establecidos por la reglamentación europea, que fija el año 2023 para su entrada en vigor. Cada año se actualiza el peso o importancia de sus componentes, lo que mantiene la actualidad de este. Además, cada cinco años se actualiza la estructura completa para todos los niveles de desagregación.

3. A estos dos cambios metodológicos anteriores se suma otro que tiene que ver con el procedimiento utilizado para la realización de la encuesta. Se trata de la recolección de los precios por medio de dispositivos electrónicos. Este cambio se hará efectivo a lo largo de 2023. Con ello, se simplifica el proceso de obtención de información y se agiliza el procesamiento de esta, lo

---

[3] Novedades metodológicas en el IPC. Nota de prensa del 30 de enero de 2023. INE.

cual permitirá captar los movimientos de los precios de forma más precisa y reducir la carga a los informantes, lo que redunda en una mayor rapidez en disponer de la información grabada, una disminución de los potenciales errores de grabación y una mayor eficiencia en el tratamiento de la información adicional recogida.

Los elementos más destacables que definen el sistema del IPC son los siguientes:

- **La cesta de la compra:** es la muestra de artículos para los que se van a recoger los precios mensualmente. La selección de los bienes que componen la cesta se realiza en función de la importancia que estos productos tienen en el gasto total realizado por la mayoría de las familias del país. Actualmente, la cesta está compuesta por 462 artículos de recogida tradicional y 493 artículos de *scanner data*. El número de observaciones es de aproximadamente 210.000 precios mensuales de artículos de recogida tradicional.

- **Las ponderaciones:** representan la importancia relativa que tiene cada artículo de la cesta de la compra dentro del total de la cesta. Se toma como periodo de referencia de las ponderaciones el año anterior al corriente (p. ej., IPC de 2024, ponderación 2023).

- **La muestra de municipios y establecimientos:** esta muestra de municipios se establece en función del tamaño de la población, de forma que los municipios seleccionados sean representativos del total de esta. Actualmente, 177 municipios.

Mostraremos a continuación cuál es la composición de la nueva cesta del IPC, base 2021, y las ponderaciones correspondientes, tomando como referencia las de 2023, que son las vigentes para el año 2024.

Este IPC lo conforman 12 grupos de productos que se subdividen en 41 subgrupos, 92 clases y 199 subclases; 56 rúbricas y 29 grupos especiales.

Tabla 4.1. Ponderaciones de grupos IPC (base 2021)

Grupo	Sectores	Ponderaciones (%)
1	Alimentación y bebidas no alcohólicas	19,2
2	Bebidas alcohólicas y tabaco	3,8
3	Vestido y calzado	3,9
4	Vivienda	12,0
5	Menaje	5,3
6	Medicina	5,8
7	Transporte	14,4
8	Comunicaciones	3,3
9	Ocio y cultura	8,6
10	Enseñanza	1,9
11	Hoteles, cafés y restaurantes	13,9
12	Otros	7,8

Fuente: INE (2023).

El IPC registra las variaciones de precios de cada mes respecto al anterior, y a partir del IPC se calculará la tasa de inflación, que recoge la variación porcentual en el nivel general de precios a lo largo de un periodo de tiempo, es decir, recogerá la variación porcentual del IPC de un año respecto al anterior:

$$\text{Tasa de inflación}_{\text{año } t} = IPC_{\text{año } t} - IPC_{\text{año } t\text{-}1} \, / \, IPC_{\text{año } t\text{-}1} \times 100$$

El índice de precios de consumo armonizado (IPCA) es un indicador estadístico cuyo objetivo es proporcionar una medida común de la inflación que permita realizar comparaciones internacionales y examinar así el cumplimiento que en esta materia exige el Tratado de Maastricht para la entrada en la unión monetaria europea.[4]

El proceso de armonización comenzó en 1995 con un primer objetivo: definir las fases que llevarían hacia el IPCA y plasmarlo en un documento legal que hiciera este proceso de obligado cumplimiento. Se aprueba así el Reglamento del Consejo 2494/95 de octubre de

---

[4] INE: Contabilidad nacional de España.

1995, en el que se definen claramente las fases de las que va a constar el proceso.

Debemos destacar que hay dos diferencias relativas a la cobertura entre el IPC y el IPCA. Por un lado, la que se refiere a la población cubierta por ambos indicadores: el IPCA cubre los gastos de consumo que realizan todos los hogares dentro del territorio económico de cada Estado miembro de la UE, sean o no residentes en él, mientras que el IPC considera el gasto en consumo realizado por los residentes tanto si lo realizan dentro del territorio económico del país como fuera.

Por otro lado, en lo que se refiere a la cobertura de los bienes y servicios incluidos en la cesta de la compra, el IPC incorpora, desde la entrada en vigor de la base 2016, los juegos de azar, que no forman parte del IPCA.

A continuación, reflejamos las ponderaciones de los 12 grupos del IPCA y su comparación con los 12 grupos del IPC de España para el año 2024, que son:

Tabla 4.2. Ponderaciones de grupos de IPCA e IPC (base 2021)

Grupo	Sectores	Ponderaciones IPCA (%)	Ponderaciones IPC (%)
1	Alimentación y bebidas no alcohólicas	18,8	19,2
2	Bebidas alcohólicas y tabaco	3,7	3,8
3	Vestido y calzado	4,1	3,9
4	Vivienda	11,8	12,0
5	Menaje	5,4	5,3
6	Sanidad	5,6	5,8
7	Transporte	14,9	14,4
8	Comunicaciones	3,4	3,3
9	Ocio y cultura	7,4	8,6
10	Enseñanza	1,8	1,9
11	Hoteles, cafés y restaurantes	15,1	13,9
12	Otros	7,8	7,8

Fuente: INE (2023).

4.2.2. Tasa de desempleo

Cuando hablamos de desempleo desde el punto de vista económico, este concepto se refiere a la no utilización de todos los factores de producción disponibles en la economía, es decir, tanto del factor recursos naturales como del factor trabajo o del factor capital.

Por tanto, el concepto teórico de desempleo es mucho más amplio que el que luego se utiliza en la realidad, ya que identificamos desempleo con paro o, lo que es lo mismo, identificamos desempleo con la no utilización de todo el factor trabajo disponible. Esto hace que los datos y tasas de desempleo que se calculan se refieran a la infrautilización de este factor: el trabajo. Por ello, a continuación, definiremos los principales conceptos referentes a la relación entre población y actividad económica, para finalmente definir la tasa de desempleo de una economía, que recogerá el porcentaje de población activa que no está trabajando.

En España, esta tasa de desempleo la calcula el INE a través de la encuesta de población activa (EPA), que es una investigación por muestreo, continua y dirigida a las viviendas familiares. La EPA tiene una periodicidad trimestral y se realiza desde 1964.

La EPA se realiza sobre una muestra de 65.000 viviendas aproximadamente, lo que supone obtener información de unas 160.000 personas. Los datos se recogen por entrevista personal y telefónica. La información es cuidadosamente depurada y procesada informáticamente. Los resultados se obtienen dentro del mes siguiente al de finalización del trimestre de referencia de los datos.

La entrada en vigor del Reglamento (UE) 2019/1700 del Parlamento Europeo y del Consejo de 10 de octubre de 2019, por el que se establece un marco común para las encuestas a hogares, y del Reglamento de Ejecución (UE) 2019/2240 de 16 de diciembre de 2019, así como otros reglamentos delegados y de ejecución por los que se establecen las variables para analizar, las definiciones que utilizar y las periodicidades para cada una de las variables de la encuesta de fuerza de trabajo (EFT) europea afectan a la información que hay que proporcionar a partir del primer trimestre de 2021.[5]

---

[5] INE. *Resumen de los cambios en la Encuesta de Población Activa (EPA) en 2021*. Marzo 2021.

Dado que la encuesta de población activa (EPA) es la operación que recaba la información necesaria para obtener las variables exigidas en la encuesta de fuerza de trabajo (EFT), ha habido que realizar las adaptaciones necesarias para poder dar respuesta a los nuevos requerimientos de información en 2021.

Hay que decir que muchos de los requisitos que la nueva reglamentación europea impone con carácter obligatorio a partir de 2021 ya se vienen cumpliendo en la encuesta de población activa (EPA) desde hace tiempo.

Veamos a continuación los principales cambios que se han introducido en la encuesta 2021:

1. Definición de hogar. A partir de 2021, en la EPA el concepto de hogar ya no es sinónimo de vivienda, sino que se basa en compartir un mismo presupuesto. Por tanto, en una misma vivienda puede haber más de un hogar.

2. Corrección de la falta de respuesta total. Todas las preguntas dirigidas a determinar la situación de actividad de los entrevistados (ocupación, paro, inactividad) han de obtenerse por entrevista directa a partir del primer trimestre de 2021.

3. Grupos poblacionales con tratamiento diferente en 2020-2021 en lo que respecta al empleo. Casos derivados de la modificación en el tratamiento de ausencias del empleo de larga duración.

4. Cambios introducidos en el diseño muestral en la encuesta de población activa en el primer trimestre de 2021. Efectos sobre las estimaciones.

5. Caracterización de la búsqueda activa a partir de la nueva forma de preguntar los métodos de búsqueda. Efectos sobre la medición del paro.

6. Cambios en el contenido de la encuesta. Han desaparecido algunas variables (p. ej., sobre jornadas laborales continuada o partida; o niveles de estudios no reglados) y se han incorporado nuevas variables (p. ej., antecedentes migratorios y nacionalidad de los padres; o condiciones de trabajo) e igualmente se han adaptado variables existentes o cambio de periodicidad.

Tal y como señala el INE, la conclusión es que los cambios mencionados no producen efectos relevantes en las series de resultados principales de la EPA, bien por haber tenido forzosamente que introducirlos a lo largo de 2020, bien porque estadísticamente no son significativos.

El INE ha llevado a cabo en 2014 el cambio de base poblacional en la EPA. Dicho cambio consiste en la incorporación y actualización de las nuevas series de población y hogares, derivadas del censo de población y viviendas de 2011, en sustitución de las que se venían utilizando hasta ahora, basadas en el censo de 2001.[6] La actualización de las cifras de población es un procedimiento habitual que se realiza en todas las encuestas a hogares y, por tanto, también en la EPA, cuando surgen variaciones significativas en las cifras de población.

Los datos que arroja el nuevo censo 2011 elevan la estimación de la población residente en España en más de 400.000 personas respecto de las estimaciones de población que se venían utilizando en la encuesta.

Este cambio demográfico tiene una cuantía suficiente para afectar de forma significativa las estimaciones de empleo en la EPA, que son las que se toman como referencia para valorar como necesario el cambio de base poblacional.

Tabla 4.3. Población en viviendas familiares, en miles, cuarto trimestre de 2011 (15-11-2011)

	Base censal		
	Censo 2011	Censo 2001	Diferencia
Población total	46.375,6	45.943,5	432,1
Menores de 16 años	7.493,7	7.435,3	58,4
Población de 16 y más	38.881,9	38.508,2	373,7
Españoles	34.453,1	33.867,4	585,7
Extranjeros	4.428,7	4.640,8	−212,1

Fuente: INE (2014).

---

[6] INE. Cambio de base poblacional en las estimaciones de la EPA. Nota metodológica. *Notas de prensa.* 24 de abril de 2014.

Para conocer la capacidad laboral de una población, debemos conocer y saber cómo se calcula su población activa e inactiva, e igualmente conocer el dato sobre el total de la población ocupada y desocupada.

Dentro de la población total de un país, desde el punto de vista laboral, podemos distinguir dos segmentos diferentes de población:

- **Población activa (PA):** todos aquellos individuos que están en el mercado laboral, es decir, todos aquellos que teniendo la edad legal para trabajar (16 años o más) buscan realmente trabajo. La población activa, en un momento determinado, estará comprendida por todos aquellos individuos que o bien están trabajando, o bien están buscando trabajo.

Por tanto, dentro de la población activa se distinguirá entre población ocupada, que son los que efectivamente están trabajando, y población desocupada (desempleada o parada), que será aquel sector de población que está buscando trabajo.

- **Población inactiva:** estará formada por el resto de población (que no es población activa) que no está en el mercado laboral, bien porque no tiene edad legal para trabajar (niños o jubilados), o bien porque, teniendo la edad, no busca trabajo por diferentes razones (p. ej., amas de casa, estudiantes, etc.).

A partir de estas definiciones, podemos calcular la tasa de actividad, que se define como el porcentaje de personas que pertenecen a la población activa respecto al total de la población con edad legal para trabajar.

Tasa de actividad = PA/población ≥ 16 años × 100

La tasa de actividad es importante para determinar el peso de la población de un país vinculada al sector productivo.

A partir de aquí, podemos ya establecer una definición de desempleado o parado,[7] que será todo aquel individuo que, estando en disposición de trabajar (16 años o más) y queriendo hacerlo, no encuentra trabajo.

---

[7] Se utiliza la definición internacional dada por la Organización Internacional del Trabajo (OIT).

Según el Reglamento 1897/2000 de la Comisión Europea, y tal como señala el INE (se tiene en cuenta a la hora del cálculo de la EPA), se consideran métodos activos de búsqueda de empleo los siguientes:

Estar en contacto con una oficina pública de empleo con el fin de encontrar trabajo, cualquiera que sea la parte que haya tomado la iniciativa (la renovación de la inscripción por razones puramente administrativas no constituye un planteamiento activo).

- Estar en contacto con una oficina privada (oficina de empleo temporal, empresa especializada en contratación...) con el fin de encontrar trabajo.

- Enviar una candidatura directamente a los empleadores.

- Indagar a través de relaciones personales, por mediación de sindicatos, etc.

- Anunciarse o responder a anuncios de periódicos.

- Estudiar las ofertas de empleo.

- Participar en una prueba, concurso o entrevista en el marco de un procedimiento de contratación.

- Buscar terrenos, locales o material para establecerse por su cuenta.

- Realizar gestiones para obtener permisos, licencias o recursos financieros.

- Haber realizado un examen o entrevista de trabajo.

Podemos definir, por tanto, la tasa de desempleo como el porcentaje de población activa que no encuentra trabajo o, lo que es lo mismo, la que recoge cuál es el porcentaje de población desocupada en la economía. Dicha tasa se calcula:

Tasa de desempleo = N.º desempleados/N.º activos (PA) × 100

4.2.3. Tasa de crecimiento

La tasa de crecimiento recogerá la variación porcentual en la producción de bienes y servicios dentro del territorio nacional (si la calculamos con el PIB, magnitud interior), o bien los obtenidos por los residentes de un país (si la calculamos con el PNB, magnitud nacional) durante un periodo de tiempo.

Esta tasa se calcula a partir de la magnitud de producción valorada en términos reales, es decir, implica que la producción se valora a precios constantes de un año base y no a los precios corrientes de cada año, que sería como se calcula el valor de la producción en términos nominales. Actualmente, el año base que se utiliza es 2015.

La razón de que se utilice la valoración real y no nominal radica en que el objetivo de esta tasa es computar la variación de la producción real de bienes y servicios, y si las valoraciones se hicieran en términos nominales, este dato podría estar variando o bien porque variara la producción, o bien por efecto de variaciones en los precios (debido a la inflación), y llegaríamos entonces a conclusiones erróneas sobre el crecimiento real de la producción en la economía.

Por tanto, calcularemos la tasa de crecimiento como (vamos a utilizar el PIB como unidad de medida):

$$\text{Tasa de crecimiento}_{\text{año } t} = \text{PIB real}_{\text{año } t} - \text{PIB real}_{\text{año } t-1} / \text{PIB real}_{\text{año } t-1} \times 100$$

Estos datos de crecimiento los publica el INE trimestralmente dentro de su contabilidad nacional trimestral (CNTR).

5

Crecimiento económico y transformaciones estructurales

U na vez que hemos visto cómo cuantificar los datos económicos de un país, vamos a ver qué significan, esto es, cómo los diferentes valores que tengan estas magnitudes definen el mayor o menor crecimiento económico de un país, y eso unido a otras variables que determinan el nivel de desarrollo de los países.

Empecemos primero estableciendo la diferencia entre qué es crecimiento económico y qué es desarrollo económico, conceptos que coloquialmente muchas veces confundimos, ya que utilizamos indistintamente ambas calificaciones a la hora de ver si un país es más o menos rico, y como veremos a continuación son dos conceptos muy distintos.

5.1. Crecimiento económico

Definimos el crecimiento económico como el aumento continuado y progresivo de la producción a largo plazo. Como ya vimos al definir la tasa de crecimiento, el crecimiento económico lo medimos a partir del PIB; es más, la unidad de medida real que se utiliza para computar el crecimiento económico de un país es el PIB per cápita.

La producción crece por un aumento en la cantidad de factores de producción (*inputs*) o por el incremento de la productividad de los factores. Por ello, los análisis sobre las fuentes de crecimiento pretenden conectar esas dos causas y cuantificar sus efectos sobre la producción (*output*).

Podemos, por tanto, señalar que los factores de crecimiento de una economía son la disponibilidad tanto cuantitativa como cualitativa de sus factores de producción. Veamos a continuación de una forma muy sintetizada cuáles son estos factores y cuáles son sus principales características.

- *Factor población (factor trabajo)*: este factor influye tanto cualitativa como cuantitativamente en el crecimiento económico. Determina la demanda de bienes y servicios en la economía, es decir, la mayor o menor amplitud del mercado potencial al cual se deben dirigir los productores. Igualmente determina la mayor o menor disponibilidad de trabajadores en la economía y, por ello, determina el proceso productivo. En este sentido, cabe señalar la pérdida de importancia del factor trabajo en favor del factor capital a medida que el crecimiento del país ha sido mayor. Igualmente, la calidad de estos recursos humanos (el capital humano) determina también la cantidad y calidad de los bienes y servicios al establecerse una relación positiva entre capital humano y crecimiento económico.

- *Factor recursos naturales*: este factor es el que más importancia ha perdido dentro del crecimiento económico moderno a medida que las economías se han ido industrializando, los productos manufacturados han ganado importancia dentro del PIB y ha ido perdiendo importancia la agricultura, en cuyo sector este factor era el principal. Por otra parte, cabe destacar que el ámbito de estudio de este factor, que ha crecido en importancia a medida que se han desarrollado los países, es la calidad de estos recursos, es decir, la preocupación por los recursos y los problemas medioambientales.

Figura 5.1. Fábrica de Opel en Figueruelas

Fuente: Heraldo de Aragón.

- *Factor formación de capital*: este factor es básico dentro del modelo de crecimiento económico capitalista, donde la producción manufacturera intensiva en capital es la nota dominante. Igualmente, otro efecto positivo de este factor en el crecimiento económico, junto con la tecnología, es que su intensificación aumenta la productividad del factor trabajo, clave en el crecimiento económico.

- *Factor tecnología*: este factor favorece el aumento en la productividad del trabajo, las posibilidades de uso de los recursos naturales, la extensión y diversificación de las actividades productivas y mejora la competitividad de las empresas y los países. Por todo ello, la tecnología es un factor fundamental en la función de producción de las empresas, y más en economías como las actuales, donde las innovaciones tecnológicas marcan en muchos casos la diferencia en los costes de producción de las empresas.

- *Factor empresarial*: la empresa es la encargada de organizar la producción y, por ello, es determinante la forma de organización empresarial a la hora de analizar su competitividad. El criterio general de la empresa será buscar aquella forma de organización que le sea más rentable desde el punto de vista del ahorro de costes.

Todos estos factores de forma conjunta determinarán, en función de la dotación de ellos de la que disponga cada país, las posibilidades de crecimiento económico.

5.2. Desarrollo económico

El desarrollo económico es un proceso multidimensional que implica cambios de las estructuras, actividades e instituciones, al igual que la aceleración del crecimiento económico, la reducción de la desigualdad y la erradicación de la pobreza absoluta. Por ello, el crecimiento económico es un componente esencial en el desarrollo económico, pero no el único, es decir, el desarrollo no es un fenómeno puramente económico, ya que normalmente lleva aparejados cambios sociales, administrativos e incluso cambios en las costumbres y creencias. Por la peculiaridad del propio concepto de desarrollo, se plantean problemas a la hora de su medición, ya que, por ejemplo, el PIB no recoge las transformaciones estructurales. Por ello, se intentan utilizar otros indicadores para medir este desarrollo económico, como:

- Comparar los bienes y servicios consumidos por habitante y que sean representativos de un cierto nivel económico: en este caso se supone que cuanto más consumimos, mayor bienestar tenemos, lo cual es muy discutible.

- Elegir un sector representativo de la economía y compararlo con otros: se identifica como país menos desarrollado aquel donde la agricultura es el sector mayoritario, y más desarrollado aquel donde el sector industrial o el sector servicios representa un mayor porcentaje de la producción total.

- El crecimiento demográfico: en la actualidad, identificamos mayor desarrollo económico con menor crecimiento demográfico.

- La esperanza de vida al nacer: los países en vías de desarrollo tienen una alta tasa de natalidad y de mortalidad, y en los desarrollados sucede lo contrario. La esperanza de vida en los países desarrollados está en torno a los 80 años y en los países en vías de desarrollo, como media, en torno a los 60 años.

- La alfabetización: en los países desarrollados el nivel de alfabetización y de formación o capital humano es muy superior al de los países en vías de desarrollo.

Figura 5.2. Bombay (India)

Fuente: Wikipedia.org.

Una vez matizada la diferencia entre el concepto de crecimiento y el de desarrollo económico, señalaremos que, hasta el día de hoy, el sistema económico que ha alcanzado los mayores niveles de crecimiento económico ha sido el sistema capitalista, el cual ha logrado desde sus inicios con la Revolución Industrial británica del siglo XVIII un crecimiento constante de la productividad y de la renta por habitante, como resultado de combinar la innovación con la acumulación de capital físico.

Podemos señalar algunas características generales del modelo capitalista, como son:

- La propiedad está en manos privadas, por lo que la renta generada se distribuye entre varios agentes.

- Existen grandes cantidades de capital humano y físico con relación al flujo de la renta.

- La competencia que conlleva el modelo hace que muchas empresas no sean capaces de mantenerse y desaparezcan.

- El progreso técnico inherente al sistema favorece el crecimiento económico y se convierte en la principal causa del incremento en la productividad.

- Cambio en la importancia de los factores de crecimiento a favor del capital físico y la tecnología y en detrimento del factor trabajo, aunque este ha visto fuertemente incrementada su productividad en el sistema.

- Los cambios estructurales que ha traído consigo, donde cambia la estructura del empleo, que ha aumentado en estos últimos años más en el sector servicios y anteriormente en la industria, y ha caído drásticamente en la agricultura. También ha traído consigo una concentración de las unidades productivas en la búsqueda de economías a escala.

- Las fluctuaciones económicas han acompañado desde el origen al sistema; por ello el capitalismo se caracteriza por ciclos. Las crisis son debidas a causas endógenas al sistema.

Aun en los países donde el capitalismo ha sido exitoso, este no ha estado exento de contradicciones, ya que, como hemos señalado anteriormente, se dan crisis que sacuden de vez en cuando al sistema, a la par que el propio modelo de crecimiento crea una gran desigualdad entre la población, lo cual sigue siendo un rasgo básico de las sociedades desarrolladas. En definitiva, el capitalismo es una máquina de crear riqueza, pero también lleva aparejada normalmente una gran desigualdad económica y social.

Figura 5.3. Panorámica de Nueva York (EE. UU.)

Fuente: Wikipedia.org.

6

Economía internacional

Al analizar la economía internacional, nos encontramos con que los métodos de investigación y deducción son básicamente los mismos que en las otras ramas de la economía, dado que los agentes, individuos y empresas tienen una motivación y un comportamiento similar tanto en el comercio internacional como en las transacciones nacionales. Sin embargo, la economía internacional tiene sus propias preocupaciones, ya que las transacciones se realizan entre países con diferentes monedas, diferentes políticas internas y restricciones externas que alteran las relaciones comerciales.

Nuestro objetivo será exponer los conceptos básicos referentes al análisis de la economía internacional, cuyo estudio se suele dividir en dos grandes campos: el comercio internacional y las finanzas internacionales, a pesar de que esta línea divisoria no existe claramente, ya que la mayoría de las transacciones comerciales implican operaciones financieras, y muchos acontecimientos monetarios tienen consecuencias importantes para el comercio. Con independencia de esta apreciación, se establece que el comercio internacional pone el acento en las transacciones reales de la economía internacional, es decir, en aquellas transacciones que implican un movimiento físico de bienes o un compromiso tangible de recursos económicos. Por su parte, las finanzas internacionales ponen el acento en el lado monetario de la economía internacional, esto es, en las transacciones financieras.

Tal y como señalan Paul Krugman y Maurice Obstfeld,[8] considerados como unos de los autores más importantes en materia de economía internacional en la actualidad, el objeto de estudio por parte de la economía internacional consiste, pues, en aquellos temas que se plantean debido a los problemas específicos de la interacción económica entre países soberanos. Estos autores señalan que hay siete temas de estudio de la economía internacional:

1. *Las ganancias del comercio*: todo el mundo admite que el comercio internacional es beneficioso. Existen las ganancias del comercio, es decir, cuando los países se venden mutuamente bienes y servicios, suele producirse un beneficio mutuo. A pesar de estas ganancias, es posible que este comercio afecte de forma negativa a determinados grupos dentro de las naciones, esto es, el comercio internacional tendrá fuertes efectos sobre la distribución de la renta.

2. *Los patrones del comercio*: determinar quién vende qué y a quién es de difícil estimación, con lo cual este tema se ha convertido en una gran preocupación para los economistas. Desde David Ricardo[9] hasta la actualidad no existe una teoría absoluta y suficientemente robusta.

3. *El proteccionismo*: la eterna discusión entre proteccionismo y libre cambio se ha convertido en uno de los principales temas de política económica internacional. Los Gobiernos siempre han estado preocupados por los efectos de la competencia internacional sobre el desarrollo de las industrias nacionales, lo cual les

---

[8] Krugman, P. R., Obstfeld, M. y Melitz, M. J. (2012). *Economía internacional. Teoría y política*. 9.ª ed. Pearson Educación, Madrid.

[9] David Ricardo fue un economista británico que a principios del siglo xix ofreció una explicación del comercio a partir de las diferencias internacionales en la productividad del trabajo denominada *Teoría de la ventaja comparativa o relativa*.

ha llevado a implementar acciones como imponer límites a las importaciones, o bien ayudar a sus empresas subvencionando las exportaciones. La tendencia de la economía internacional ha sido analizar los efectos de estas políticas proteccionistas y, normalmente, criticar el proteccionismo y mostrar las ventajas del libre comercio internacional.

4. *La balanza de pagos*: es el registro de las transacciones que un país hace con el resto del mundo, y el diagnóstico de su estado es uno de los temas más importantes de la economía internacional.

5. *La determinación del tipo de cambio*: una de las diferencias clave entre la economía internacional y otras áreas de la economía es que los países tienen diferentes monedas, con el añadido de que los precios relativos de las monedas pueden cambiar con el tiempo y algunas veces hasta drásticamente. Durante la mayor parte del siglo XX, los tipos de cambio han sido fijados por la actuación de los Gobiernos en vez de venir determinados por el mercado.

6. *La coordinación internacional de las políticas económicas*: dentro de los nuevos parámetros de globalización e internacionalización de las economías, es innegable que las interconexiones entre las políticas económicas de los países pueden generar repercusiones de unos en otros al tomar ciertas decisiones.

7. *El mercado internacional de capitales*: las necesidades de financiación y de inversión de los países han hecho que los temas relacionados con los acuerdos sobre capitales sean de extrema importancia para el analista económico internacional.

De todo el análisis sobre economía internacional y los diferentes temas concernientes a esta área, vamos a extraer, y a continuación analizar, los que a nuestro juicio son de mayor relevancia para el análisis introductorio del entorno económico internacional. En este sentido, nuestro análisis se centrará en exponer de forma resumida las principales cuestiones y conceptos referentes a las siguientes cuestiones: comercio internacional, balanza de pagos y tipos de cambio.

Acabaremos nuestro análisis internacional haciendo referencia a los diferentes modelos de integración económica, con especial interés al modelo de integración de la Unión Europea, en el cual está inmersa la economía española.

6.1. Comercio internacional

Los países participan en el comercio internacional por dos razones básicas, tal y como señalan Krugman y Obstfeld,[10] que contribuyen a sus ganancias del comercio. Por un lado, los países comercian porque son diferentes y pueden beneficiarse de estas diferencias mediante una relación en la que cada uno hace aquello que, de forma relativa, sabe hacer mejor. Una segunda razón es que los países comercian para conseguir economías de escala en la producción, es decir, si un país se especializa en una sola gama de bienes, los puede producir a mayor escala y, por tanto, de manera más eficiente que si intentara producir de todo.

Las importantes ganancias que se generan en este comercio han llevado a situar al comercio internacional en un lugar privilegiado para observar la evolución económica de los países y la cambiante especialización internacional, más intensa a partir de la II Guerra Mundial. En este sentido, las reducciones arancelarias multilaterales desde la II Guerra Mundial han tenido lugar bajo el marco de actuación del Acuerdo General de Aranceles y Comercio (GATT) establecido en 1947. El GATT dio forma a un conjunto de normas de conducta para la política comercial internacional y, como las de cualquier ley, las disposiciones del GATT son en sus detalles complejas, pero las principales restricciones que impone a la política comercial son:

- Los firmantes del GATT no pueden utilizar subsidios a la exportación, excepto para productos agrícolas. Dicha excepción fue originariamente propuesta por EE. UU., y actualmente su principal valedor es la Unión Europea.

---

[10] O.cit. Krugman, P. R., Obstfeld, M. y Melitz, M. J. (2012).

Figura 6.1. Logo del GATT

Fuente: GATT.

- Los firmantes del GATT no pueden imponer cuotas unilaterales de importación, excepto cuando las importaciones amenacen con provocar la salida del mercado del sector nacional.
- Reducción progresiva de los aranceles.

No todos los países son miembros del GATT; eso sí, casi todos los países desarrollados lo son, mientras que muchos países en vías de desarrollo están fuera del acuerdo.

En 1995, el denominado secretariado que administraba el GATT fue reemplazado por la denominada Organización Mundial del Comercio (OMC), la cual en la realidad sigue desarrollando las viejas funciones, pero bajo un nuevo nombre. La principal diferencia con la práctica anterior es que la OMC incluye un nuevo proceso acelerado para resolver disputas entre países miembros.

Figura 6.2. Sede de la Organización Mundial del Comercio en Ginebra

Fuente: wto.org

En síntesis, tanto en su origen el GATT como su sucesora la OMC han tenido como objetivo facilitar el comercio internacional entre países, llevando a cabo una liberalización progresiva de este comercio bajo la idea original de que hay que favorecer este comercio dadas las grandes ganancias que supone para las diferentes economías.

A pesar de que el régimen comercial de la posguerra se caracterizó por un continuado esfuerzo liberalizador, siguen existiendo restricciones a la liberalización, como es el caso de los productos textiles y de confección, donde, además de aranceles elevados, hay establecidas cuotas y otros tipos de restricciones que limitan las exportaciones procedentes de países subdesarrollados fundamentalmente. Por tanto, a pesar del respaldo teórico al liberalismo, en la práctica comercial siempre han existido diversas formas de proteccionismo, esto es, defensa de la industria local frente a la competencia procedente del exterior. El instrumento de defensa más habitual suele ser el arancel, que es un gravamen, normalmente (ya que puede ser sobre peso o medida) sobre el valor de los productos importados. Su efecto es el incremento del precio de los productos importados para que la producción local, que se supone menos eficiente, pueda competir, con lo cual aumenta la cuota del mercado interno para los productores locales, se reducen las importaciones e incrementan los precios que han de pagar los consumidores.

Aunque la forma más explícita de proteccionismo es el establecimiento de los aranceles, existen otros mecanismos de protección, como cuotas o contingentes de importación, restricciones voluntarias de las exportaciones, reparto de mercado o distintas barreras no arancelarias que pueden ir desde normas sanitarias a estandarización de productos particulares.

En el análisis del comercio internacional, no se puede señalar una única teoría como válida, ya que la evolución de este comercio ha sido rápida y compleja. Las más recientes teorías del comercio internacional añaden factores asociados al progreso técnico y a los mayores niveles de vida que han dado mayor relieve a producciones caracterizadas por economías de escala, por diferenciación de los productos o por ser intensivas en capital humano o en investigación y desarrollo (I+D).

La recuperación económica se encuentra amenazada por el aumento del llamado «proteccionismo de baja intensidad» que se difunde a través de los paquetes de estímulo económico y de apoyo financiero de los Gobiernos para afrontar la crisis.

Pascal Lamy, director general de la OMC[11]

De este modo, existen nuevas opciones de especialización para los países, como la especialización dentro de una misma industria (comercio intraindustrial) en lugar de entre industrias (comercio interindustrial tradicional) o el empleo de importantes recursos en I+D con la posibilidad de recuperar los costes generados al producir para un mercado internacional más amplio que el mercado nacional. El mayor beneficiario de esta situación es el consumidor, que puede disfrutar de una gama de productos más amplia.

Para finalizar este breve análisis del comercio internacional, podemos destacar, tal y como señala Cándido Muñoz,[12] los siguientes rasgos característicos de este comercio en la actualidad:

1. *Creciente comercio internacional*: a pesar de las prácticas proteccionistas, el nivel de apertura comercial crece, en particular el comercio de manufacturas.

2. *Crecimiento del comercio manufacturero entre países desarrollados*: las grandes cifras del comercio mundial vienen dadas por el comercio de productos manufacturados entre países desarrollados, dado que son los grandes productores y mercados mundiales por su nivel de renta.

3. *Crecimiento del comercio intraindustrial*: recoge aquella parte del comercio de manufacturas dentro de una misma agrupación industrial donde se exporta un tipo de maquinaria y se importa otro, lo cual genera, aparte de economías de escala por especialización, mayor variedad de productos y la competencia entre gamas y modelos. Este tipo de comercio es una proporción importante y creciente del comercio de los países desarrollados.

---

[11] Elpais.com, 12 de julio de 2009.
[12] Muñoz Cidad, C. (1996). *Estructura económica internacional*, 2.ª edición. Editorial Civitas. Madrid.

4. *Crecimiento de la competencia internacional*: el aumento de la competencia se ha debido, entre otros factores, a la mayor apertura a las importaciones de todos los países y también, en gran medida, a la aparición en los mercados internacionales de nuevos países sin tradición exportadora de manufacturas, como es el caso de países asiáticos.

5. *Cambio en los factores productivos que incorporan las exportaciones*: las importaciones y exportaciones de los países desarrollados están vinculadas cada vez en menor medida a dotaciones de recursos naturales o al factor trabajo. Se llega así a una nueva perspectiva de un comercio internacional especializado en productos industriales, diferenciados y con un alto nivel tecnológico.

6. *La internacionalización de los procesos productivos*: la desintegración vertical de los procesos productivos implica un crecimiento del comercio internacional de manufacturas.

6.2. Balanza de pagos

Entender la forma de medir la balanza de pagos internacional es vital si queremos realizar un análisis de economía internacional, ya que, mediante este indicador, podemos entender mejor la manera como se realizan las transacciones entre países y cómo se encuentra nuestro país respecto a los demás.

Es importante destacar que, debido a que las condiciones de precios e información sobre los países son diferentes y los valores monetarios varían, deben conocerse los datos de la balanza de pagos, que representan un papel importante en la realización de los negocios entre naciones.

Empecemos, por tanto, definiendo la balanza de pagos para a continuación describir de forma breve su estructura y así ser capaces de interpretar esos datos y resultados o saldos.

La balanza de pagos es un instrumento contable que presenta, de forma resumida, el registro de las transacciones económicas (reales y financieras) llevadas a cabo entre los residentes de un país y los del resto del mundo durante un periodo de tiempo determinado, que normalmente es un año.

Al abordar por primera vez el tema de la balanza de pagos, conviene aclarar que, como todo sistema contable, se lleva por partida doble, esto es, toda transacción económica provocará dos asientos en la balanza, uno en la columna de ingresos y otro en la de pagos. Por tanto, la suma de las dos columnas de la balanza es siempre la misma y por ello el saldo de la balanza de pagos es nulo, con lo cual la balanza siempre estará en equilibrio. Esto implica que cuando se habla de déficits o superávits de la balanza de pagos, se estará haciendo referencia a saldos de alguna de sus cuentas o subbalanzas.

La anotación de las operaciones en ambas columnas de ingresos y pagos se hará de acuerdo con el siguiente criterio:

- En la columna de ingresos, se anotarán todas aquellas operaciones que impliquen una entrada de divisas en el país (p. ej., exportaciones de bienes, inversiones extranjeras en el país, etc.).

- En la columna de pagos, se anotarán todas aquellas operaciones que impliquen una salida de divisas del país (p. ej., importaciones de bienes, salidas de capitales, etc.).

Las transacciones se anotarán de forma ordenada en cada una de las rúbricas correspondientes a cada operación, tal y como señalaremos a continuación, teniendo en cuenta que la balanza de pagos cuenta en su estructura con tres partes básicas, que son la cuenta corriente, la cuenta de capital y la cuenta financiera.

A continuación, veremos cuál es la estructura actual de la balanza de pagos y haremos una breve referencia sobre el tipo de operaciones que deben anotarse en cada una de las partidas.

La balanza por cuenta corriente se subdivide en cuatro balanzas básicas: bienes, servicios, rentas y transferencias. Esta balanza registra los distintos ingresos y pagos por operaciones relacionadas con la creación de renta en el año correspondiente.

- La balanza de bienes, también llamada de mercancías o comercial, recoge las importaciones y exportaciones de bienes con valoración FOB (*free on board*) en vez de CIF (*cost, insurance and freight*). Los precios FOB se diferencian de los CIF en que estos últimos incluyen fletes y seguros, partidas que en la balanza de pagos tienen que ser contabilizadas como servicios y no como mercancías.

Tabla 6.1. Estructura balanza de pagos

	Ingresos	Pagos
1. CUENTA CORRIENTE:		
1.1. Balanza comercial (bienes)		
1.2. Balanza de servicios		
1.3. Balanza de rentas		
1.4. Balanza de transferencias		
2. CUENTA DE CAPITAL		
3. CUENTA FINANCIERA:		
3.1. Inversiones directas		
3.2. Inversiones en cartera		
3.3. Otras inversiones		
3.4. Variación de reservas de oro y divisas		
4. ERRORES Y OMISIONES		

Fuente: Elaboración propia.

- La **balanza de servicios** incluye partidas como fletes y seguros; turismo y viajes; transportes; comunicaciones; servicios financieros, culturales y recreativos; *royalties*, etc.

- La **balanza de rentas** recogerá en su columna de ingresos todas aquellas rentas percibidas por los propietarios de factores (trabajo o capital) residentes empleados en el extranjero. Por su parte, en la columna de pagos se reflejarán las rentas percibidas por los propietarios de factores no residentes empleados en nuestro país.

- La **balanza de transferencias** recogerá todas aquellas operaciones corrientes (no de capital) que no impliquen una contrapartida productiva. Se registrarán operaciones como remesas de emigrantes, donaciones, etc.

El saldo de la balanza por cuenta corriente nos indica, si es positivo, la capacidad de financiación que tiene el país al resto del mundo, y en caso de ser negativo, refleja la necesidad de financiación que tiene este país del resto del mundo.

La cuenta de capital incluye transferencias de capital y otras transacciones, como la adquisición o disposición de activos no financieros (como la tierra o patentes). En esta cuenta se incluyen partidas, tan importantes para España, como las ayudas de la UE (ayudas a obras de infraestructura del FEDER).

La cuenta financiera registra operaciones documentadas en instrumentos financieros (activos y pasivos financieros) entre ciudadanos de distintos países y que representan un mantenimiento de la riqueza frente al exterior (o deuda del país frente a otros).

La cuenta financiera agrupa cuatro tipos de operaciones: inversiones directas, inversiones en cartera, otras inversiones y activos de reserva. Veamos a continuación cada una de estas rúbricas por separado:

- En inversiones directas se registran las entradas y las salidas de capital efectuadas con la pretensión de mantener un interés duradero en empresas de otro país. El FMI establece la participación del 10% del capital como la cantidad indicativa de participación en el control de una empresa.

- Las inversiones en cartera recogen inversiones en valores negociables de otro país con objeto de obtener una rentabilidad financiera.

- En el apartado de otras inversiones se registran préstamos ligados a operaciones comerciales o financieras, a corto y largo plazo, así como los depósitos en el extranjero o de extranjeros en el país.

- La cuenta de variación de reservas está compuesta por diversos activos (oro monetario, derechos especiales de giro emitidos por el FMI, activos en moneda extranjera, etc.) considerados por las autoridades monetarias como disponibles para compensar los desequilibrios en la balanza de pagos o para regular su magnitud por medio de intervenciones en los mercados de cambio. Estos activos de reserva se anotarán en la columna de variación de activos con signo positivo cuando se incrementen o con signo negativo cuando se produzca una reducción de las reservas.

La partida que aparece al final de la balanza de pagos, denominada errores y omisiones, pretende corregir las deficiencias en los datos estadísticos que impiden que se produzca la necesaria igualdad entre los saldos de la balanza corriente más la de capital, por un lado, y el de la cuenta financiera por otro.

Por tanto, el saldo global de la balanza de pagos es el resultado de sumar los saldos de la balanza por cuenta corriente, la de capital y la financiera, más los errores que se hayan podido detectar en los cálculos. Este saldo, como ya hemos señalado con anterioridad, deberá ser siempre cero.

La existencia de superávits o déficits en alguna subbalanza es algo normal, que será preocupante cuando el desequilibrio sea muy importante y cuando se mantenga de forma sostenida en el tiempo.

6.3. Tipos de cambio

Cada país tiene una moneda en la que vienen expresados los precios de sus bienes y servicios: el dólar en EE. UU., el yen en Japón o el euro en España. Dado, por tanto, que las operaciones económicas con ciudadanos de otros países se llevan a cabo en monedas diferentes a las del propio país, hay que proveerse de ellas. Esta es la función de los mercados de divisas y de los tipos de cambio.

Veamos a continuación los conceptos más básicos referentes a los tipos de cambio y las transacciones internacionales. Muchas de las definiciones que a continuación expondremos nos podrían llegar a resultar demasiado obvias, pero creemos que no está de más refrescar estos conceptos.

Comencemos por una definición de un término muy habitual. Entendemos por divisas las unidades monetarias de otros países (o moneda extranjera), aunque técnicamente son anotaciones contables en otras monedas en bancos extranjeros. A partir de aquí, vayamos definiendo los demás conceptos.

Figura 6.3. Evolución dólar/euro (1999-2022)

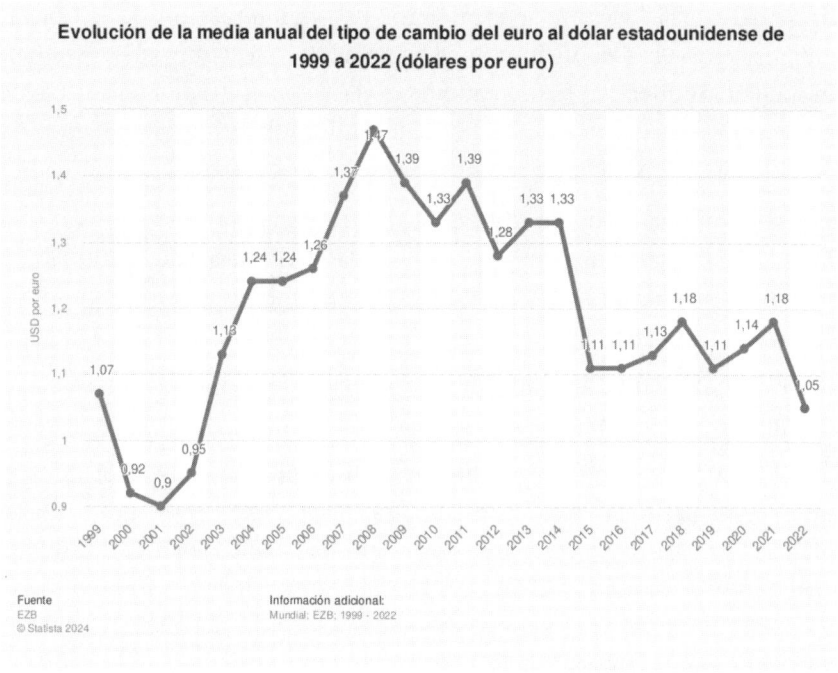

Evolución de la media anual del tipo de cambio del euro al dólar estadounidense de 1999 a 2022 (dólares por euro)

Fuente: statista.com

El mercado en el que se intercambian (compran y venden) las monedas extranjeras (divisas) se denomina mercado de divisas. Será, por tanto, en este mercado donde se determine el precio de una moneda en términos de otra, que es a lo que denominamos tipo de cambio. El tipo de cambio puede expresarse de dos formas: como el precio de la moneda extranjera en términos de dólares o como el precio de los dólares en términos de la moneda extranjera.

Tanto los particulares como las empresas utilizan los tipos de cambio para convertir los precios expresados en moneda extranjera en los respectivos precios en moneda nacional. Una vez que los bienes y servicios, nacionales e importados, son expresados en la misma moneda, se pueden obtener los precios relativos que afectan a los flujos del comercio internacional.

En definitiva, al igual que los precios de los bienes y servicios se establecen mediante la interacción de compradores y vendedores, los tipos de cambio vienen determinados por la interacción de los particulares, empresas e instituciones financieras que compran y venden moneda extranjera en el mercado de divisas con el fin de realizar pagos internacionales. Por tanto, los tipos de cambio se forman en función de la oferta y la demanda de cada divisa.

Estos intercambios de divisas se desarrollan en numerosos centros financieros localizados en grandes ciudades, como son Londres (el mercado más importante), Nueva York, Tokio, Fráncfort y Singapur.

Veamos a continuación cuál es el papel que desempeñan los diferentes agentes en el mercado de divisas a la hora de determinar el tipo de cambio.

Los bancos comerciales se encuentran en el centro del mercado de divisas, es decir, la mayoría de las transacciones en este mercado se realiza a través del intercambio de depósitos bancarios denominados en diferentes monedas. Estos bancos actúan de forma rutinaria en el mercado de divisas para cubrir las necesidades de sus clientes, principalmente las empresas multinacionales:

- Las multinacionales, al operar en diferentes países, suelen efectuar pagos o recibir ingresos en diferentes monedas, lo cual las lleva a acudir al mercado de divisas para poder comprar o vender la moneda extranjera.

- Las instituciones financieras no bancarias que han ido surgiendo al amparo de la liberalización de los mercados financieros mundiales ofrecen servicios similares a los de los bancos, como, por ejemplo, la transacción de divisas.

- Los bancos centrales intervienen algunas veces en el mercado de divisas, aunque el volumen de estas intervenciones no es particularmente elevado.

Figura 6.4. Wall Street Stock Exchange, Nueva York

Fuente: Jean-Christophe Benoist.

Por tanto, en función de las operaciones que lleven a cabo los diferentes agentes en el mercado de divisas, se producen fluctuaciones en los tipos de cambio. En este sentido, podemos señalar que las variaciones en el tipo de cambio reciben el nombre de *depreciaciones* o *apreciaciones*.

Cuando una moneda se deprecia, significa que pierde valor frente a otra u otras monedas. Si se consideran todos los demás factores constantes, la depreciación de la moneda de un país abarata sus productos para los extranjeros. Por el contrario, la apreciación de una moneda supone que aumenta su valor frente a otra u otras monedas. En este caso, y suponiendo todo lo demás constante, la apreciación de la moneda de un país encarece sus productos para los extranjeros.

Finalmente, señalaremos que algunos países adoptan regímenes cambiarios fijos por un acuerdo monetario denominado *tipo de cambio fijo*, en el cual se producen intervenciones por parte del Gobierno para mantener un tipo de cambio establecido. En este caso, no se deja que las fuerzas del mercado determinen el tipo de cambio.

6.4. Integración económica

La cooperación e integración económica internacional es uno de los hechos más destacados de la segunda mitad del siglo XX. Las relaciones económicas entre los países pueden adquirir diversos grados: desde relaciones comerciales a unificación de las políticas económicas, pasando por diversos acuerdos de agrupación sectorial o regional.

En este epígrafe, daremos un breve repaso a los diferentes tipos de acuerdos más relevantes que existen para, a continuación, justificar los efectos y ventajas que ofrecen estos modelos de integración, y finalizar analizando el que hasta hoy ha sido el proceso de integración más exitoso: la formación de la actual Unión Europea.

Empecemos por exponer brevemente cuáles son, a juicio de los especialistas, los principales efectos y ventajas de los modelos de integración, lo cual justificaría los continuos intentos de los diferentes países por llegar a formalizar estos acuerdos económicos. Como observaremos a lo largo de la exposición, el comercio internacional y los intercambios entre las diferentes economías son claves para entender la búsqueda de la integración económica entre los países.

Autores como Viner y Meade, a mediados del siglo xx, hicieron sus primeras contribuciones importantes referentes a las ventajas que suponen los modelos de integración. Ellos señalaron que la integración generaba dos efectos: la creación de comercio, ya que al suprimirse los aranceles entre los países miembros se crea más comercio entre ellos, y la desviación de comercio, ya que se sustituyen proveedores de terceros países por proveedores de la unión.

En general, todos los autores opinan que el establecimiento de uniones aduaneras estimula el comercio y la competencia, aunque en general preferirían el libre comercio con todos los países, ya que generaría la máxima creación de comercio, sin dar lugar a la desviación que en ocasiones provoca la sustitución de productores del resto del mundo que son más eficientes por productores de los países de la unión.

A modo de resumen, veamos cuáles son en general los efectos y las ventajas que suponen los modelos de integración.

Los efectos sobre el bienestar que generan los diferentes modelos de integración serán mayores cuanto:

- Mayor sea el número de países que integren la unión y su tamaño.

- Más complementadas estén las economías de los países integrantes, esto es, mayor sea la diferencia en sus estructuras productivas.

- Menor distancia exista entre los países, ya que supondrá una disminución en los costes de transporte.

- Mayores fueran los aranceles previos a la integración, ya que su eliminación supondrá una mayor creación de comercio.

En lo referente a las ventajas generadas por los modelos de integración, destacaremos:

- Mayor competencia.

- Consecución de economías de escala.

- Incremento de la variedad de productos.

- Posibilidad de desarrollo de nuevas actividades y de transformación de la estructura productiva.

- Eliminación de los trámites aduaneros.

La teoría de la integración económica trata de conocer y comprender los cambios que se producen como consecuencia de la unificación de los mercados de diversos países en sus distintas fases o grados.

Veamos a continuación cuáles han sido los tipos de acuerdos más importantes que se han dado en la práctica y sus principales implicaciones, teniendo en cuenta que han existido a lo largo de la historia diferentes tipos de acuerdos cuya implicación para los países miembros de cada uno de ellos ha sido distinta en función de los diferentes modelos de integración que se hayan creado.

- **Zonas preferentes de comercio:** consisten en tratos comerciales favorables entre países. En su mayoría, los existentes son residuos de la época colonial.
  P. ej., Commonwealth de Gran Bretaña.

- **Zonas de libre comercio:** agrupaciones de países que eliminan entre ellos los aranceles, pero mantienen cada uno sus propios aranceles frente a terceros.

P. ej., EFTA (Asociación Europea de Libre Comercio). Formada en 1960 por Gran Bretaña, Dinamarca, Noruega, Portugal, Suecia, Suiza y Austria. En ella se estipulaba la eliminación de aranceles a los bienes industriales entre los países firmantes.

- **Uniones aduaneras:** supone la eliminación de los aranceles entre los países miembros y el establecimiento de un arancel común frente a terceros.
  P. ej., CEE (Comunidad Económica Europea).

- **Mercado común:** supone la libre transferencia, además de mercancías, de servicios, capitales y trabajadores (factores).
  P. ej., es la forma de mercado que se estableció en la CEE a partir del 1 de enero de 1993.

- **Unión económica:** implica, además de la libre circulación de mercancías y factores, algún grado de armonización de diversas políticas económicas (monetaria, fiscal, presupuestaria). La unión económica más intensa podría suponer el establecimiento de una autoridad supranacional.

6.4.1. La Unión Europea (UE)

De todos los fenómenos de integración, sin duda el más exitoso ha sido el de la actual Unión Europea, cuyo origen fue la firma el 25 de marzo de 1957 del Tratado de Roma, por el cual seis países: Bélgica, Francia, Italia, Luxemburgo, Holanda y Alemania constituyeron la Comunidad Económica Europea (CEE), que inició su andadura el 1 de enero de 1958.

El precedente más remoto de la CEE se encuentra en la unión económica creada por Holanda, Bélgica y Luxemburgo: el Benelux. Su creación se debió a la intención de estos pequeños países de aprovechar los beneficios de una producción a gran escala. El siguiente paso se daría en el año 1951, cuando los países firmantes del Benelux junto con Alemania, Francia e Italia, intentando organizar las industrias del carbón y del acero, crearon la CECA (Comunidad Europea para el Carbón y el Acero). Esta unión aduanera eliminaba los aranceles y las cuotas comerciales para el hierro, el carbón, el coque y el acero, e imponía un arancel común a las importaciones de otros países y controles de producción y venta.

Finalmente, en 1957, los países integrantes de la CECA firmaron el Tratado de Roma, con el cual se daba paso a la CEE. En este tratado se establecían como objetivos más concretos:

- La eliminación de los aranceles y otras barreras proteccionistas entre los países miembros.

- El establecimiento de un arancel común (TEC) y la implantación de una política comercial común frente a terceros.

- La eliminación de las trabas a la movilidad de mercancías, capitales y personas entre los países miembros.

- El establecimiento de una política agraria común (PAC).

- La adopción de una política común en materia de transportes.

- La implantación de otras medidas tendentes a favorecer la competencia y el bienestar social de los trabajadores.

A continuación (Tabla 6.2), veamos de forma esquemática, desde su origen hasta hoy, cuáles han sido las diferentes ampliaciones o incorporaciones y salida de países que se han ido produciendo.

Noruega fue admitida a ingresar en la UE, pero convocó referéndums entre su población para aprobar el ingreso, en 1972 y 1995, y en ambos ganó el NO a entrar en la UE. Los argumentos para el «no» se basaron en que la adhesión a la UE podría amenazar la soberanía del país. Su industria, pesca y agricultura se verían afectadas, ya que la pertenencia se traduciría en una mayor centralización y en condiciones menos favorables para la igualdad y el estado del bienestar.

En la actualidad, la UE está formada por 27 países, tras la salida del Reino Unido el 1 de febrero de 2020 en el famoso Brexit, acrónimo de dos palabras en inglés: *Britain* (Gran Bretaña) y *exit* (salida), y hace referencia al proceso de salida del Reino Unido de la Unión Europa.

Tabla 6.2. Ampliaciones de la Unión Europea

Tratado de Roma (1957)	1972	1978	1986	1995	2004	2007	2013	2020
Bélgica/ Holanda/ Luxemburgo (Benelux)	Gran Bretaña	Grecia	España	Suecia	Chipre/ Letonia/ Malta	Rumanía	Croacia	**Salida del Reino Unido de la UE**
Alemania	Irlanda		Portugal	Finlandia	Rep. Checa/ Eslovenia	Bulgaria		
Italia	Dinamarca			Austria	Lituania/ Estonia/ Polonia			
Francia	(Noruega: NO)			(Noruega: NO)	Hungría/ Eslovaquia			
(6)	**(9)**	**(10)**	**(12)**	**(15)**	**(25)**	**(27)**	**(28)**	**(27)**

Fuente: Elaboración propia.

Este proceso de salida del Reino Unido se inició tras el referéndum celebrado el 23 de junio de 2016 y la posterior notificación dirigida al Consejo Europeo el 29 de marzo de 2017. Si bien la salida del Reino Unido de la Unión Europea se produjo el 1 de febrero de 2020, desde aquel momento estuvo en vigor el Acuerdo de Retirada, el cual regulaba una salida ordenada de este país de la Unión y mantenía la aplicación del acervo comunitario en sus relaciones con esta hasta el 31 de diciembre de 2020. Este acuerdo sigue vigente y está permitiendo proteger los derechos de los ciudadanos de la Unión Europea y de los nacionales del Reino Unido, así como los intereses financieros de la Unión.

Como consecuencia de ese proceso, desde el 31 de enero de 2020 el Reino Unido salió de la Unión Europea, y a partir de 1 de enero de 2021, concluido el periodo transitorio, esa salida está teniendo plenos efectos sociales, políticos y económicos.

A partir del 1 de enero de 2021, la relación entre el Reino Unido y la Unión Europea está basada en el Acuerdo de Comercio y Cooperación, un acuerdo ambicioso, pero que supone un importante cambio para ciudadanos, empresas y administraciones de la UE y del Reino Unido. Este acuerdo consta de tres pilares principales:

- Un Acuerdo de Libre Comercio, que abarca el comercio de bienes y servicios, la inversión, la competencia, las ayudas estatales, la transparencia fiscal, el transporte aéreo y por carretera, la energía y la sostenibilidad, la pesca, la protección de datos y la coordinación de la seguridad social. Este acuerdo va mucho más allá de los acuerdos de libre comercio tradicionales, pero no iguala en ningún caso las ventajas significativas que disfrutó el Reino Unido como Estado miembro de la Unión. En él se establece que no habrá aranceles ni contingentes para todas las mercancías que cumplan las normas de origen adecuadas, y las partes se han comprometido a garantizar condiciones de competencia equitativas sobre medioambiente, lucha contra el cambio climático y tarificación del carbono, derechos sociales y laborales, transparencia fiscal y ayudas estatales, al tiempo que se ha pactado un mecanismo vinculante de solución de diferencias y la posibilidad de que ambas partes adopten medidas correctoras en caso necesario.

- Un nuevo marco para la cooperación policial y judicial en materia penal y civil, para combatir y perseguir la delincuencia y el terrorismo transfronterizos.

- Un acuerdo horizontal sobre gobernanza, a fin de ofrecer seguridad jurídica a las empresas, los consumidores y los ciudadanos sobre cómo se aplicará y controlará el acuerdo.

6.4.2. Evolución de la Unión Europea

En referencia a la evolución que ha tenido este modelo de integración desde su origen hasta la actualidad, cabe destacar que la primera reforma al Tratado de Roma se llevó a cabo en 1986 con la firma del Acta Única Europea, que entró en vigor el 1 de enero de 1987, en la cual se declaraba el objetivo de hacer progresar la Unión Europea y se fijaba el 1 de enero de 1993 como la fecha de inicio del mercado común.

En la Conferencia de París de octubre de 1972, los jefes de Gobierno de los países miembros aprobaron el objetivo de la progresiva unión económica y monetaria. El nuevo paso en la búsqueda de este objetivo se plasmará en marzo de 1979, fecha en la cual comienza sus operaciones el Sistema Monetario Europeo (SME), que pretendía lograr una zona europea de estabilidad de los tipos de cambio. Se plantea así la Unión Monetaria Europea (UME) como un área que comparte el mismo mercado, una misma moneda y en la que se ejecutará una política monetaria única.

El 1 de noviembre de 1993 entra en vigor el Tratado de la Unión Europea, Tratado de Maastricht (firmado el 7 de febrero de 1992), por el que se creó la actual Unión Europea que hacía realidad los cuatro pilares de libre circulación de mercancías, servicios, personas y capitales.

Tras las reuniones celebradas en la ciudad holandesa de Maastricht el 9 y 10 de diciembre de 1991, se estableció el calendario para la futura Unión Monetaria Europea (UME), junto con las condiciones que deberían cumplir los países para adherirse a ella (criterios de convergencia), esto es, tipos de cambio, tipos de interés, déficit público, deuda pública e IPC.

Estos criterios de convergencia se definen de la siguiente manera:

- **Evolución de los precios:** los Estados miembros deberán tener un comportamiento de precios sostenible y una tasa promedio de inflación, observada durante un periodo de un año antes del examen, que no exceda en más de un 1,5% la de, como máximo, los tres Estados miembros con mejor comportamiento en materia de estabilidad de precios. La inflación se medirá utilizando el índice de precios de consumo sobre una base comparable, teniendo en cuenta las diferencias en las definiciones nacionales.

- **Evolución de las finanzas públicas:** un Estado miembro de la UE no cumple los requisitos de disciplina presupuestaria, en particular:

    1. Si la proporción entre el déficit público previsto o real y el producto interior bruto sobrepasa el valor de referencia (definido en el protocolo sobre el procedimiento aplicable en caso de déficit excesivo como el 3% del PIB), a menos:

– que la proporción haya descendido sustancial y continuadamente y llegado a un nivel que se aproxime al valor de referencia o, alternativamente,

– que el valor de referencia se sobrepase solo excepcional y temporalmente, y la proporción se mantenga cercana al valor de referencia.

2. Si la proporción entre la deuda pública y el producto interior bruto (PIB) rebasa un valor de referencia (definido en el protocolo sobre el procedimiento aplicable en caso de déficit excesivo como el 60% del PIB), a menos que la proporción disminuya suficientemente y se aproxime con un ritmo satisfactorio al valor de referencia.

• **Evolución del tipo de cambio:** los Estados miembros que hayan observado, sin tensiones graves y durante por lo menos los dos años anteriores al examen, los márgenes normales de fluctuación dispuestos por el mecanismo de tipo de cambio del sistema monetario europeo. En particular, no habrán devaluado, durante el mismo periodo por iniciativa propia, el tipo central bilateral de su moneda respecto de la de ningún otro Estado miembro.

• **Evolución de los tipos de interés a largo plazo:** observados durante un periodo de un año antes del examen, los Estados miembros hayan tenido un tipo promedio de interés nominal a largo plazo que no exceda en más de un 2% el de, como máximo, los tres Estados miembros con mejor comportamiento en materia de estabilidad de precios. Los tipos de interés se medirán con referencia a los bonos del Estado a largo plazo u otros valores comparables, teniendo en cuenta las diferencias en las definiciones nacionales.

Con el Tratado de Maastricht se establece que la Unión Monetaria Europea debería comenzar en 1997, o a lo sumo en 1999. La oposición de algunos países, como Gran Bretaña o Dinamarca, junto con las posteriores turbulencias monetarias de 1992 (afectaron sobre todo a la peseta, la lira y la libra esterlina), aplazaron el inicio del proceso a 1999.

Figura 6.5. Logotipo del Banco Central Europeo

Fuente: ecb.europa.eu

En la cumbre de Madrid de 1995, los jefes de Gobierno de los países de la UE acuerdan denominar euro a la moneda de la UME, y en 1998 se seleccionaron los países que cumplían los criterios de convergencia. En mayo de 1998, once países cumplían los criterios de convergencia: Austria, Bélgica, Finlandia, Francia, Alemania, Irlanda, Italia, Luxemburgo, Holanda, Portugal y España. Por su parte, Gran Bretaña y Dinamarca ejercieron su privilegio para quedarse fuera de la unión monetaria aun cumpliendo los criterios establecidos, mientras por otro lado estaba Suecia, que no consiguió cumplir el criterio de los tipos de cambio, y además estaba el caso de Grecia, que no consiguió cumplir ninguno de los criterios en 1998, y su ingreso tuvo que esperar al año 2001.

Figura 6.6. Sede del Banco Central Europeo en Fráncfort

Fuente: ArcCan.

Para los once países iniciales en la adopción de la moneda única, el 1 de enero de 1999 se introdujo el euro, que siguió un proceso de transición hasta el año 2002; en enero de 2002 comenzó la circulación de las nuevas monedas y billetes que acabarían por anular totalmente a las monedas y billetes de los países respectivos el 1 de julio de ese mismo año.

Hoy en día, el euro (€) es la moneda oficial en 20 de los 27 países miembros de la UE, que juntos constituyen la eurozona, denominada oficialmente zona del euro. Los miembros actuales son Austria, Bélgica, Croacia, Chipre, Estonia, Finlandia, Francia, Alemania, Grecia, Irlanda, Italia, Letonia, Lituania, Luxemburgo, Malta, Países Bajos, Portugal, Eslovaquia, Eslovenia y España.

Ocasionalmente, los Estados miembros pueden negociar una cláusula de exclusión voluntaria de la legislación o los tratados de la Unión Europea y decidir no participar en determinados ámbitos políticos. Es el caso de Dinamarca por lo que respecta a la moneda única. Optó por mantener su moneda nacional tras su adhesión a la UE.

Para incorporarse a la zona euro, los países deben cumplir los criterios de convergencia. El Tratado de Maastricht no especifica un calendario concreto para la incorporación a la zona del euro, sino que deja a los Estados miembros que desarrollen sus propias estrategias para cumplir las condiciones para la adopción de la moneda única.

Desde el 1 de enero de 1999 el encargado de dirigir toda la política monetaria en la zona euro es el Sistema Europeo de Bancos Centrales (SEBC), donde las decisiones se toman por votación en el consejo de gobierno del BCE, compuesto de una junta ejecutiva de seis miembros (incluido el presidente del BCE) y de los gobernadores de los bancos centrales nacionales (BCN). El BCE y los bancos centrales nacionales desempeñan conjuntamente las tareas que se les han encomendado. El BCE fue creado como núcleo del Eurosistema y del SEBC. El Eurosistema está formado por el BCE y los BCN de los Estados miembros que han adoptado el euro.

La función principal del BCE es mantener el poder adquisitivo de la moneda única y, de este modo, la estabilidad de precios en la zona euro, que comprende los diecisiete países de la UE que han adoptado el euro desde 1999.

El Tratado de Lisboa,[13] firmado en la ciudad lusa el 13 de diciembre de 2007 y que entró en vigor el 1 de diciembre de 2009, dota a la UE de instituciones modernas y perfecciona sus métodos de trabajo para afrontar con eficacia los desafíos del mundo de hoy. En un planeta que cambia con rapidez, los europeos vuelven su mirada a la UE para resolver problemas como la globalización, el cambio climático, la evolución demográfica, la seguridad y la energía. El Tratado de Lisboa refuerza la democracia en la UE y mejora su capacidad de defender día a día los intereses de sus ciudadanos.

El Tratado de Lisboa establece qué puede y no puede hacer la UE, y qué medios puede utilizar. Modifica la estructura de las instituciones europeas y sus métodos de trabajo para que puedan dar mejor servicio a la democracia y a los valores fundamentales de la Unión.

El texto modifica los actuales tratados de la UE y la CE, pero no los sustituye. Este tratado brinda a la Unión el marco y los instrumentos jurídicos necesarios para afrontar los retos del futuro. Los principios básicos y los cambios acaecidos a partir del tratado los podemos sintetizar en:

1. *Una Europa más democrática y transparente*: El Parlamento Europeo y los Parlamentos nacionales tienen mayor protagonismo; hay más oportunidades para que los ciudadanos hagan oír su voz y es más fácil saber cómo se reparten las tareas entre la Unión y los países miembros.

2. *Una Europa más eficaz*, con métodos de trabajo y votación simplificados, instituciones modernas y adaptadas a la Unión de los 27 y más capacidad para actuar en los ámbitos prioritarios para la UE de hoy.

3. *Una Europa de derechos y valores, libertad, solidaridad y seguridad*, que potencie los valores de la Unión, conceda rango de derecho

---

[13] http://europa.eu/lisbon_treaty/glance/index_es.htm

primario a la Carta de los Derechos Fundamentales, establezca nuevos mecanismos de solidaridad y garantice una mejor protección a sus ciudadanos.

4. *Hacer de Europa un actor en la escena global* combinando los instrumentos con que cuenta la política exterior europea a la hora de elaborar y aprobar nuevas políticas. Gracias al Tratado de Lisboa, Europa está en condiciones de expresarse con más claridad ante sus socios internacionales. Se ponen en juego todas las capacidades económicas, humanitarias, políticas y diplomáticas de Europa para fomentar sus intereses y valores en todo el mundo, respetando los intereses particulares de los Estados miembros en el marco de las relaciones exteriores.

6.4.3. Instituciones de la Unión Europa

Tal y como hemos visto anteriormente, la Unión Europea (UE) es, hoy en día, un modelo de integración único en el cual los Estados miembros siguen siendo países soberanos independientes, pero comparten su soberanía para así ser un bloque más fuerte a nivel mundial. El hecho de compartir esta soberanía implica que, en muchos casos, los Estados deben delegar parte de sus decisiones o políticas a sus instituciones comunes, las cuales han sido creadas por ellos mismos para decidir de forma coordinada y unánime sobre temas de interés conjunto.

Dentro de la UE hay tres instituciones principales que son las encargadas de elaborar las políticas y leyes que se aplican en la UE: la Comisión Europea, el Consejo Europeo y el Parlamento Europeo. De forma general, las normas son propuestas por la Comisión, y el Parlamento y el Consejo son los que las adoptan.

Igualmente, hay otras tres instituciones que desempeñan un papel muy importante dentro de la UE, que son el Tribunal de Justicia, encargado de velar por el cumplimiento de la legislación europea, el Tribunal de Cuentas, encargado del control de la financiación de las diversas actividades y políticas de la UE, y el Banco Central Europeo, que tal y como ya expusimos en el epígrafe anterior es el encargado de dirigir y aplicar la política monetaria única de la zona euro.

Los poderes y responsabilidades de estas instituciones se establecen en los diferentes tratados de la UE, en los que se basan todas las actividades desarrolladas por la UE. En estos tratados también se establecen las normas y procedimientos que deben seguir las instituciones de la UE. Los tratados son acordados por los presidentes o los primeros ministros de todos los países de la UE, y son ratificados por sus Parlamentos.

A continuación, expondremos brevemente las funciones y características de las tres principales instituciones de la UE, tal y como se señalan en la página oficial de las instituciones de la UE.[14]

Parlamento Europeo

El Parlamento Europeo es un importante foro de debate político y de decisión a nivel de la UE. La ciudadanía de los Estados miembros elige directamente, a través del voto a los diputados, al Parlamento Europeo para que representen sus intereses en el proceso legislativo de la UE y garanticen el funcionamiento democrático de otras instituciones de la Unión. El Parlamento Europeo es la única institución de la UE elegida por sufragio universal directo, el cual se lleva a cabo desde 1979.

En la actualidad, el Parlamento Europeo está formado por 705 diputados que representan a los ciudadanos de los 27 Estados miembros y son elegidos por un periodo de 5 años. En cada Estado se elige un determinado número de diputados, en función de la población. En el caso de España, se eligen a 59 diputados. En el Parlamento Europeo los diputados se organizan en grupos políticos y no por nacionalidades. El presidente del Parlamento es elegido por los miembros del Parlamento Europeo y para un periodo renovable de dos años y medio, es decir, la mitad de una legislatura. Actualmente, la presidenta del Parlamento es Roberta Metsola

Los diputados están agrupados en siete grupos políticos y trabajan en comisiones y delegaciones parlamentarias y en sesiones plenarias. En las comisiones, se prepara la legislación. Y en las sesiones plenarias, se aprueba la legislación.

---

[14] http://europa.eu/institutions/inst/index_es.htm

El Parlamento Europeo tiene tres sedes: Estrasburgo (Francia), sede oficial del Parlamento; Bruselas (Bélgica), donde se realiza la mayoría de las actividades de las comisiones parlamentarias; Luxemburgo, sede de la Secretaría General. Las reuniones del Parlamento, sesiones plenarias, tienen lugar en Estrasburgo y a veces en Bruselas, y las reuniones de las comisiones también se celebran en Bruselas.

Con los años, y a raíz de los sucesivos cambios en los tratados europeos, el Parlamento ha adquirido amplios poderes legislativos y presupuestarios que le permiten fijar, junto a la representación de los Gobiernos de los Estados miembros en el Consejo, la dirección hacia la que se orienta el proyecto europeo. En el desempeño de su papel, el Parlamento ha tratado siempre de promover la democracia y los derechos humanos, no solo en Europa, sino en todo el mundo.

El Parlamento Europeo tiene tres competencias básicas:

1. *Competencia legislativa.* La competencia para adoptar las leyes europeas (directivas, reglamentos, etc.) corresponde de manera compartida al PE y al Consejo de la UE mediante un procedimiento legislativo ordinario.

2. *Competencia presupuestaria.* El Parlamento Europeo participa junto al Consejo de la UE en la aprobación del presupuesto. El procedimiento de aprobación se inicia con el anteproyecto que presenta la Comisión al Consejo de la UE que, una vez aprobado por este, se convierte en proyecto. Al final del procedimiento presupuestario, el Parlamento adopta o rechaza el presupuesto en su totalidad.

3. *Competencia de control.* El Parlamento Europeo tiene una serie de competencias de supervisión y control que le permiten realizar un seguimiento de otras instituciones, del correcto uso del presupuesto de la Unión Europea y garantizar la correcta aplicación de la legislación comunitaria.

El Parlamento Europeo ejerce el control democrático de las instituciones de la UE. Cualquier ciudadano de la Unión Europea tiene derecho a presentar una petición al Parlamento Europeo sobre un asunto que pertenezca al ámbito de actividades de la Unión Europea.

Consejo Europeo

El Consejo al igual que el Parlamento, fue creado en los años 50. La primera sesión del Consejo de la CEE se celebra el 25 de enero de 1958, bajo la presidencia de Victor Larock, ministro belga de Asuntos Exteriores. Actualmente, la sede del Consejo se encuentra en Bruselas.

En 1974, el Consejo Europeo se crea como foro informal de debate entre los jefes de Estado o de Gobierno de los Estados miembros de la UE (foro informal). En 1992, el Tratado de Maastricht establece formalmente el Consejo Europeo y le atribuye un cometido: imprimir impulso a la UE y definir sus orientaciones políticas generales (estatus oficial). Finalmente, en 2009 El Consejo Europeo pasa a ser una de las siete instituciones de la UE a raíz de los cambios introducidos por el Tratado de Lisboa (institución oficial de la UE).

Las reuniones del Consejo las convoca y preside el presidente. Normalmente se reúne cuatro veces al año, pero su presidente puede convocar reuniones adicionales para tratar asuntos urgentes. En general, las decisiones se toman por consenso, pero en algunos casos es necesaria la unanimidad o la mayoría cualificada. Solo pueden votar los jefes de Estado o de Gobierno.

Los miembros del Consejo son los jefes de Estado o de Gobierno de los países de la UE, el presidente del Consejo Europeo, el cual es designado por los líderes nacionales por un periodo de dos años y medio y renovable una vez (actualmente es Charles Michel) y el presidente de la Comisión Europea. El presidente del Consejo Europeo representa a la UE ante el resto del mundo.

El Consejo Europeo define las orientaciones y prioridades políticas generales de la UE y fija las prioridades de actuación de la Unión a corto y largo plazo. En sus reuniones suele adoptar conclusiones, en las que se definen los temas de interés y las medidas que deben adoptarse para abordarlos. El Consejo representa el nivel más elevado de cooperación política entre los Estados miembros de la UE.

¿Qué hace el Consejo Europeo?:

- Decide sobre la orientación y las prioridades políticas generales de la UE, pero no legisla.

- Se ocupa de cuestiones complejas o sensibles que no pueden resolverse en instancias inferiores de la cooperación intergubernamental.

- Establece la política exterior y de seguridad común teniendo en cuenta los intereses estratégicos de la UE y las implicaciones en materia de defensa.

- Designa y nombra a los candidatos elegidos para determinados puestos destacados de la UE, por ejemplo, en el BCE y en la Comisión.

Con respecto a cada una de las cuestiones, el Consejo Europeo puede:

- Pedir a la Comisión Europea que elabore una propuesta.

- Someterla al Consejo de la UE para que se ocupe de ella.

Debemos diferenciar entre el Consejo Europeo y el Consejo de la Unión Europea.

El Consejo de la Unión Europea, también llamado Consejo de la UE, es una de las instituciones de la Unión Europea encargada de ejercer conjuntamente con el Parlamento Europeo las funciones legislativa y presupuestaria.

Se compone de un representante por cada estado miembro, y se reúne en diez formaciones diferentes en función del tema que se vaya a tratar. La presidencia del Consejo de la UE es asumida por un grupo de tres Estados miembros, denominados *tríos*. El trío correspondiente asumirá la presidencia durante 18 meses (6 meses cada uno de ellos). El trío actual (julio 2023- diciembre 2024) es España, Bélgica y Hungría.

Sin tener en cuenta la diferencia de composición o su funcionamiento, la principal diferencia que debemos tener clara entre ambas instituciones radica en la función legislativa. El Consejo de la UE tiene función legislativa (conjuntamente con el Parlamento), mientras que el Consejo Europeo no la tiene.

Las funciones del Consejo de la UE son:

- Negocia y adopta la legislación de la UE (como recogimos anteriormente, conjuntamente con el Parlamento Europeo).

- Aprueba el presupuesto de la UE.

- Desarrolla la política exterior y de seguridad común teniendo en cuenta y siguiendo las directrices del Consejo Europeo.

- Celebra acuerdos en nombre de la UE con otros países u organizaciones internacionales.

- Coordina las políticas de los Estados miembros.

Una última diferencia que tener en cuenta entre el Consejo Europeo y el Consejo de la UE es el sistema de votación de ambos órganos:

- El Consejo Europeo: se pronunciará por consenso (excepto cuando los tratados dispongan otra cosa).

- El Consejo de la Unión Europea: se pronunciará por mayoría cualificada (excepto cuando los tratados dispongan otra cosa).

Comisión Europea

La Comisión Europea fue creada en 1958, tiene su sede en Bruselas y es el órgano ejecutivo, políticamente independiente, de la UE. Es la única instancia responsable de elaborar propuestas de nueva legislación europea y de aplicar las decisiones del Parlamento Europeo y del Consejo de la UE. Su función principal es velar por los intereses generales de la UE proponiendo y comprobando que se cumpla la legislación y aplicando las políticas y el presupuesto de la UE.

En la actualidad, la Comisión está formada por un equipo de 27 comisarios denominado *Colegio de Comisarios*, elegidos uno por cada país miembro de la UE. El Colegio de Comisarios está compuesto por el presidente de la Comisión, que decide quién es responsable de cada política, ocho vicepresidentes, incluidos tres vicepresidentes ejecutivos, el alto representante de la Unión para Asuntos Exteriores y Política de Seguridad y 18 comisarios, cada uno de los cuales es responsable de una cartera.

Los comisarios se reúnen en Bruselas todos los miércoles por la mañana. Cuando hay sesión plenaria del Parlamento Europeo en Estrasburgo, la reunión se adelanta al martes. Normalmente se reúne cuatro veces al año, pero su presidente puede convocar reuniones adicionales para tratar asuntos urgentes. En general, las decisiones se toman por consenso, pero en algunos casos es necesaria la unanimidad o la mayoría cualificada.

El nombramiento del presidente de la Comisión lo llevan a cabo los dirigentes de cada país, reunidos en el Consejo Europeo, que presentan al candidato atendiendo a los resultados de las elecciones al Parlamento Europeo. Para obtener la designación, el candidato o candidata necesita el apoyo de la mayoría de los diputados del Parlamento Europeo. Actualmente, la presidenta de la Comisión es Ursula von der Leyen.

El Parlamento Europeo garantiza el control democrático de la Comisión, que presenta informes periódicamente al Parlamento, entre los que se incluyen informes anuales sobre las actividades de la Unión Europea y sobre la ejecución presupuestaria.

Las funciones principales de la Comisión Europea son:

- Proponer nuevas leyes. La Comisión es la única institución europea que presenta, para que el Parlamento y el Consejo las aprueben:

  - Leyes que protegen los intereses de la UE y a sus ciudadanos en aspectos que no pueden regularse eficazmente en el plano nacional.

  - Leyes correctas en sus detalles técnicos gracias a consultas con expertos y ciudadanos.

- Gestionar las políticas europeas y asignar los fondos de la UE:

  - Fija las prioridades de gasto de la UE conjuntamente con el Consejo y el Parlamento.

  - Elabora los presupuestos anuales para que el Parlamento y el Consejo los aprueben.

  - Supervisa cómo se gasta el dinero bajo el escrutinio del Tribunal de Cuentas.

- Velar por que se cumpla la legislación de la UE. Conjuntamente con el Tribunal de Justicia, la Comisión garantiza que la legislación de la UE se aplique correctamente en todos los países miembros.

- Representar a la UE en la escena internacional. Habla en nombre de todos los países de la UE ante los organismos internacionales, sobre todo en cuestiones de política comercial y ayuda humanitaria. Igualmente, negocia acuerdos internacionales en nombre de la UE.

Bibliografía

Libros recomendados

ACEMOGLU, D., LAIBSON, D. y LIST, J. (2018). *Macroeconomics*. Pearson. 2nd edition.

ALONSO, J. A. (2009). *Lecciones sobre economía mundial* (4.ª ed.). Ed. Civitas.

ANTELO SUÁREZ, M. (2022). *La génesis de los mercados*. Ediciones Pirámide.

BAJO RUBIO, O. y DÍAZ ROLDÁN, C. (2011). *Teoría y política macroeconómica*. Antoni Bosch Editor, S. A.

BERUMEN, S. (2006). *Introducción a la economía internacional*. ESIC Editorial.

— (2014). *Crisis monetarias y financieras. Lecciones para el futuro*. ESIC Editorial.

BLANCHARD, O., AMIGHINI, A. y GIAVAZZI, F. (2013). *Macroeconomía* (5.ª ed.). Pearson Educación.

CABRERA CABRERA, M. (2023). *Análisis microeconómico, un nuevo enfoque.* Ed. Universo de Letras.

CALVO HORNERO, A. (2022). *Fundamentos de la Unión Europea.* Editorial Universitaria Ramón Areces. 5.ª edición.

– (2021). *Economía Internacional y organismos económicos internacionales.* Editorial Universitaria Ramón Areces. 3ª edición.

CASTILLO, J. I., CASTRO, M., MOLINA, J. A., ROMÁN, R., SÁNCHEZ, A., SANZ, T. e YÑIGUEZ, R. (2013). *Microeconomía en casos.* Ed. Pirámide.

CORCHUELO, M. B. (2014). *Lecciones de microeconomía. Producción, costes y mercados.* Ed. Pirámide.

CUENCA GARCÍA, E. y NAVARRO PABSDORF, M. (2024). *Lecciones de Economía de la Unión Europea.* Pirámide S.A. Ediciones. 2.ª edición.

CUERDO, M. y FREIRE, M. T. (2008). *Introducción a la microeconomía. Comportamientos, intercambio y mercados* (3.ª ed. revisada y actualizada). ESIC Editorial.

FERNÁNDEZ NAVARRETE, D. (2022). *Historia de la Unión Europea: de los orígenes al post-brexit.* Universidad Autónoma de Madrid.

FRANK, R. y BERNANKE, B. (2009). *Principles of Economics* (3.ª ed.). McGraw-Hill.

FREIRE, M. T. (2010). *Introducción a la economía internacional.* Notas Técnicas Universitarias. ESIC Editorial.

FREIRE, M. T., VIEJO, R. y BLANCO, F. J. (2014). *Prácticas y conceptos básicos de microeconomía* (4.ª ed. revisada y actualizada). ESIC Editorial.

FREIRE, M. T., ALONSO, M. A., GONZÁLEZ-BLANCH, M. y BLANCO, F. J. (2013). *Cuestiones básicas de macroeconomía intermedia.* ESIC Editorial.

– (2013). *Introducción a la macroeconomía. Teoría y práctica.* ESIC Editorial.

GARCÍA DELGADO, J. L. y MYRO, R. (2023). *Lecciones de economía española.* Civitas ediciones. 17.ª edición.

GORDON, R. J. (2016). Bajando la cuesta. *Finanzas y desarrollo*, pp. 33-37.

KLEIN, G. y BAUMAN, Y. (2021). *Introducción a la microeconomía en viñetas*. Ed Debolsillo.

KRUGMAN, P. R., OBSTFELD, M. y MELITZ, M. J. (2016). *Economía internacional. Teoría y política* (10.ª ed.). Pearson Educación.

KRUGMAN, P. (2022). *Fundamentos de economía* (5.ª ed.). Editorial Reverté.

KRUGMAN, P., y WELLS, R. (2016). *Macroeconomía* (3.ª ed.). Editorial Reverté.

MANKIW, N. (2012). *Principios de economía* (6.ª ed.). Ed. Paraninfo.

– (2020). *Macroeconomía* (10.ª ed.). Antoni Bosch Editor, Barcelona.

MUÑOZ CIDAD, C. (2008). *Las cuentas de la nación. Introducción a la economía aplicada*. Editorial Civitas.

MORÓN LÓPEZ, R. (2023). *La Unión Europea. Competencias. Instituciones*. Formación Alcalá, S.L.

PINDYCK, R. S., y RUBINFELD, D. L. (2018). *Microeconomía* (9.ª ed.). Ed. Pearson Educación, S. A.

REQUEIJO, J. (2021). *Economía mundial*. McGraw-Hill Interamericana de España S.L. 6.ª edición.

SERRANO, J., DURÁN, G. y GUIMÓN, J. (2009). *Entorno económico. Instrumentos para su análisis*. Ed. Pirámide.

SOTELO, J., UNAMUNO, J., CÁCERES, I. y FREIRE, M. T. (2003). *Teorías y modelos macroeconómicos*. ESIC Editorial.

THE CORE TEAM (2017). *The Economy: Economics for a changing world*. Oxford University Press. Disponible en http://www.core-econ.org/the-economy/index.html

Lecturas complementarias

Anuario El País: *Economía Internacional. Economía Española.*

Banco Central Europeo: *Boletín Mensual: «Evolución económica y monetaria».*

Banco de España: *Boletín Económico (mensual).* Banco de España: *Boletín Estadístico (mensual).* Banco de España: *Informe Anual.*

Biblioweb

Banco Mundial: http://www.bancomundial.org

Boletín Mensual del Banco Central Europeo (Banco de España). www.bde.es

Cinco Días: http://www.cincodias.com

Datos Económicos y Estadísticos: http://www.ucm.es/BUCM/cee/ cee30.htm

El Economista: http://www.eleconomista.es

Eurostat: http://epp.eurostat.ec.europa.eu/portal/page/portal/eurostat/ home

Expansión: http://www.expansion.com

Financial Times: http://www.ft.com/world/europe

Fondo Monetario Internacional: http://www.imf.org

ICEX (Instituto Español de Comercio Exterior). http://www.icex.es

Instituto Nacional de Estadística (INE). www.ine.es

Ministerio de Economía y Hacienda: www.meh.es

Servicio de Estudios BBVA: http://www.bbvaresearch.com

The Economist: http://www.economist.com

Unión Europea: http://www.europa.eu